Das
Strafverfahren gegen Jugendliche

insbesondere die Strafaussetzung nach der Allgemeinen Verfügung vom 14. März 1917 (JMBl. Nr. 11)

Von

Gerichtsassessor Dr. iur. Karl Nagel,

Jugenddezernent bei der Staatsanwaltschaft Breslau.

Berlin 1917

Verlag von H. W. Müller

SW. 68, Schützenstr. 29/30.

Druck: Dr. F. P. Datterer & Cie. (Arthur Sellier), München-Freising.

Vorwort.

Dies aus der Praxis stammende Büchlein ist für den schnellen Handgebrauch des Praktikers bestimmt. Es gibt nur die äußeren Formen wieder, in denen sich die Tätigkeit des mit dem Jugendstrafverfahren befaßten Juristen abspielt. Den Inhalt seines Wirkens wird er besser als aus Büchern aus warmem, die Jugend verstehenden Herzen schöpfen, das zwar vor Strenge nicht zurückschrecken darf, im Grunde aber immer gütig bleiben soll und nie strafen allein, sondern immer auch helfen will. Sollte es dem Büchlein gelingen, dem Jugendstrafjuristen manchen Ärger über die oft recht spröden Formen, die er handhaben muß, zum Vorteile für die Freude an dem Inhalte seines Wirkens zu ersparen, so hat es seinen Zweck erreicht.

Breslau, im Mai 1917.

Der Verfasser.

Inhaltsübersicht.

Seite

A. Verfahrensgang bis zur Strafaussetzung.

I. Vorverfahren.

Erforschen der Lebensverhältnisse.

Möglichst zeitig sind die Lebensverhältnisse des jugendlichen Beschuldigten und alle sonstigen Umstände zu erforschen, die zur Beurteilung seiner Persönlichkeit, der Straftat und namentlich der zur Erkenntnis der Strafbarkeit erforderlichen Einsicht von Erheblichkeit sein können. (Allg. Verf. v. 1. Juni 1908 JMBl. S. 237 I 1).

Gerichtliche Vernehmung.

In erheblicheren Sachen empfiehlt sich gerichtliche Vernehmung des jugendlichen Beschuldigten. (a. a. O. I 2).

II. Einstellung.

Strafeinsicht.

In der Praxis herrscht kein Zweifel, daß die Strafverfolgungsbehörde das Verfahren einzustellen hat, wenn sie die erforderliche Strafeinsicht bei dem jugendlichen Täter nicht für vorliegend erachtet.

Verwahrlosung.

Erscheint der jugendliche Beschuldigte der Verwahrlosung verfallen oder von der nahen Gefahr einer solchen bedroht oder erscheint er einer vor dem 12. Lebensjahre begangenen Straftat verdächtig, so ist dem zur Stellung des Antrages auf Fürsorgeerziehung zuständigen Landrat des Wohnsitzes (in Stadtkreisen dem Gemeindevorstande oder, wenn eine K. Polizeibehörde vorhanden ist, auch dieser), bei Gefahr im Verzuge dem Vormundschaftsgerichte tunlichst unter Übersendung der Akten Mitteilung zu machen. (Allg. Verf. v. 29. April 1907 Ziff. 20 JMBl. S. 363).

III. Zulässigkeit von Strafbefehlen.

Ein Strafbefehl darf gegen einen jugendlichen Beschuldigten nur dann beantragt werden, wenn Tatsachen vorliegen, welche die Überzeugung gewähren, daß er die erforderliche Strafeinsicht besessen hat. (Allg. Verf. v. 28. Nov. 1895 JMBl. S. 414).

Solche Tatsachen können gefunden werden in Vorbestrafungen, in dem Verhalten des Täters bei oder nach der Tat, im Lebensalter, der genossenen Erziehung sowie in der Auskunft urteilsfähiger Personen über die geistige Entwickelung des Beschuldigten.

In den Antrag auf Erlaß eines Strafbefehls ist ein Vermerk über das Vorhandensein der Strafeinsicht sowie über die Umstände, aus denen sie zu folgern ist, aufzunehmen.

Erscheint ein Verweis angebracht, so ist mit Rücksicht auf § 447 Abs. 2 StPO. kein Strafbefehl zu beantragen.

Sollten einzelne Amtsgerichte gegen die Zulässigkeit des Strafbefehls gegen Jugendliche rechtliche Bedenken haben, so ist auf Entsch. d. RG. i. Strafs. Bd. 24 S. 411 und auf § 1 des Gesetzes vom 23. April 1883 (GesS. S. 65) hinzuweisen.

Dem gesetzlichen Vertreter des jugendlichen Beschuldigten soll eine Abschrift des Strafbefehls zugestellt werden, um ihn zur Wahrnehmung der Rechte des Beschuldigten in den Stand zu setzen. (RVerf. v. 20. Dez. 1895. Abgedruckt in Marck, Kloß, Schwedersky „Die Staatsanwaltschaft", 3. Aufl. S. 387).

IV. Anklage.

Abtrennen des Verfahrens gegen Jugendliche.

Zusammenhängende Strafsachen, bei denen Jugendliche und Erwachsene beteiligt sind, sind zu trennen, soweit dies ohne Nachteil für die Sache, insbesondere für die Schleunigkeit ihrer Erledigung geschehen kann. (Allg. Verf. v. 1. Juni 1908 JMBl. S. 237 II 1).

Sachliche Zuständigkeit.

Von der Befugnis, die Verhandlung und Entscheidung dem Schöffengerichte zu überweisen, ist in allen geeigneten Fällen Gebrauch zu machen. (a. a. O. I 3).

Örtliche Zuständigkeit (Wohnsitz).

Der Regel nach, soweit nicht besondere Bedenken z. B. wegen des Wohnsitzes oder Aufenthaltes der Zeugen entgegenstehen, ist die Anklage am Gerichtsstande des Wohnsitzes des jugendlichen Täters zu erheben und gegebenenfalls die Strafsache zu diesem Zwecke von der zunächst mit ihr befaßten Staatsanwaltschaft an die für den Gerichtsstand des Wohnsitzes zuständige Anklagebehörde abzugeben. (Allg. Verf. v. 22. Sept. 1909 JMBl. S. 336 Ziff. 3).

Vorbereitende Verfügung.

1. Abgekürzte Geburtsurkunde des Beschuldigten einfordern.
2. Vorstrafen feststellen.
3. Anfrage wegen Verzeichnis A nach Formular an eine der im § 3 der Allg. Verf. v. 14. März 1917 bezeichneten Stellen. [Empfehlenswerter Zusatz wegen Befragung des gegenwärtigen Arbeitgebers s. Anm. 12 in Teil B dieses Buches].

Begleitverfügung.

1. Anklage in Reinschrift absenden.
2. Nachricht dem 1. Pfarrer der Gemeinde, zu welcher der Angeschuldigte gehört (bei evangel. und kathol. Angesch., die das 16. Jahr noch nicht vollendet haben. § 19 d. Allg. Verf. v. 29. April 1907 JMBl. S. 359).
3. Nachricht dem zuständigen Schulvorstande (bei Schülern öffentl. Lehranstalten. a. a. O. Ziff. 18).
4. Abschrift der Anklage dem zuständ. Landeshauptmann oder Vorstande des sonst zuständ. Kommunalverbandes (bei Fürsorgezöglingen, und zwar in Haftsachen zweckmäßig alsbald mit der Anfrage, ob der sofortigen Vollstreckung der zu erwartenden Strafe zugestimmt wird).

In Landgerichtssachen ferner:

5. Abschrift der Anklage dem Jugendrichter oder, wo kein besonderer vorhanden, dem zuständ. Vormundschaftsrichter zur Kenntnisnahme wegen etwaiger Fürsorgemaßnahmen.
6. Nachricht von der Anklage der Jugendzentrale unter Übersendung der etwa schon vorliegenden Ermittelungsbogen über den jug. Angesch. [Wo Jugendzentralen bestehen, ist eine solche Nachricht an sie wohl meist mit ihnen vereinbart. Sie stellen über die für die Strafaussetzung wesentlichen Umstände Erhebungen an und reichen diese noch vor der Hauptverhandlg. zu den Akten. In Schöffensachen gibt üblicherweise wohl der Amtsrichter der Zentrale Nachricht nach Eröffnung des Hauptverfahrens).

V. Nachricht von Eröffnung des Hauptverfahrens.

Wird gegen einen Zögling eines Seminars oder einer Präparandenanstalt wegen eines Verbrechens oder Vergehens das Hauptverfahren eröffnet, so ist unter kurzer Angabe des Sachverhalts dem Seminardirektor bzw. Anstaltsvorsteher Nachricht zu geben. (Allg. Verf. v. 29. April 1907, JMBl. S. 359 Ziff. 15 d).

VI. Ladung zur Hauptverhandlung.

Verteidiger.

Es ist darauf zu achten, ob gemäß § 140 StPO. ein Verteidiger notwendig und bestellt ist.

Terminsnachricht.

Von dem Hauptverhandlungstermine ist Nachricht zu geben:

a) dem gesetzl. Vertreter mit Zusatz „Eigenhändig" (Allg. Verf. v. 11. August 1902 JMBl. S. 233);

b) der Jugendzentrale (zufolge örtlicher Vereinbarungen mit dieser).

Sammeltransport.

Zur Überführung von der Fürsorgeerziehung überwiesenen Personen unter 18 Jahren, die sich auswärts in gerichtlicher Haft befinden, an den Ort der Hauptverhandlung ist kein Sammeltransport zu benutzen. Ebensowenig später bei Überführung in das zuständige Gefängnis. (Verf. d. M. d. Innern v. 8. Dez. 1906. Siehe Müller „Justizverwaltung" S. 1813 ff.).

Vorführung von Fürsorgezöglingen.

Bei Fürsorgezöglingen, die sich nicht in Haft befinden, ist eine Abschrift der an sie ergangenen Ladung dem Vorstande des zu ihrer Unterbringung verpflichteten Kommunalverbandes zu übersenden mit dem Anheimstellen (nicht Ersuchen), für Wahrnehmung des Termins durch den Angeklagten Sorge zu tragen.

Erfolgt die Vorführung nicht, so ist unter Darlegung des Sachverhalts dem zuständigen Oberpräsidenten Anzeige zu erstatten. (RVerf. v. 31. Aug. 1905. Abgedruckt in Marck, Kloß, Schwedersky „Die Staatsanwaltschaft", 3. Aufl. S. 252).

Hinsichtlich der vorläufig Untergebrachten tritt an die Stelle des Vorstandes des Kommunalverbandes die Polizeibehörde, welcher die vorläufige Unterbringung obliegt.

VII. Hauptverhandlung.

Fernhalten von verbrecherischen Elementen.

Es ist dafür Sorge zu tragen, daß eine Berührung der jugendlichen Angeklagten während ihres Aufenthaltes in den Räumen des Gerichts mit verbrecherischen Elementen vermieden wird.

Bei kleineren Gerichten werden die Verhandlungen gegen jugendliche Personen auf den Beginn der Sitzung zu legen, bei größeren Gerichten tunlichst besondere Sitzungen, in denen nur Jugendliche zur Aburteilung gelangen, anzuberaumen sein. (Allg. Verf. v. 1. Juni 1908, JMBl. S. 237).

Verhandlung ohne den Angeklagten.

In Abwesenheit des Angeklagten darf beim Vorliegen der allgemeinen Voraussetzungen dafür auch gegen jugendl. Angeklagte verhandelt werden. Allerdings wird der erkennende Richter, da die Entscheidung der Frage nach der erforderlichen Strafeinsicht des jugendl. Angekl. aus dessen Individualität entnommen werden muß, besonders vorsichtig zu prüfen haben, ob von dem persönl. Erscheinen des Angekl. abgesehen werden kann. (Entsch. d. RG. Bd. 24 S. 411 ff.).

Strafrahmen.

Der besondere Strafrahmen für jugendliche Angeklagte ergibt sich aus § 57 StGB. Ausgeschlossen sind Zuchthaus, Aberkennung der bürgerl. Ehrenrechte und Zulässigkeit von Polizeiaufsicht.

Die im § 57 Ziff. 3 StGB. vorgesehene Strafermäßigung greift nicht Platz bei Verfehlungen Jugendlicher gegen das Forstdiebstahlgesetz (§ 10 desselben) und gegen das Feld- und Forstpolizeigesetz (§ 4 desselben).

Sitzungsvermerk.

In der landgerichtlichen Hauptverhandlung hat der Terminsvertreter der Staatsanwaltschaft in den Handakten zu vermerken, ob nach dem Ergebnisse der Hauptverhandlung Strafaussetzung angebracht erscheint.

Strafaussetzung.

Das Gericht hat sich über seine Stellungnahme zur Strafaussetzung schlüssig zu machen, diese aber nicht zu verkünden. (§ 6 der Allg. Verf. v. 14. März 1917; s. in Teil B dieses Buches).

VIII. Rechtsmittel.

Gesetzlicher Vertreter.

Der gesetzliche Vertreter kann gemäß § 340 StPO. binnen der für den Angeklagten laufenden Frist selbständig von den zulässigen Rechtsmitteln Gebrauch machen, so daß vor Ablauf dieser Frist das Urteil nicht rechtskräftig wird, wenn nicht auch der gesetzliche Vertreter einen Rechtsmittelverzicht erklärt hat.

IX. Nachrichten vom Urteil.

Dieselben Stellen, die Nachricht von der Anklageerhebung erhalten haben, erhalten Nachricht vom Urteil nach dessen Rechtskraft. [Die Jugendzentralen entsenden wohl meist einen Vertreter in die Sitzungen und haben dann durch diesen Kenntnis].

Studierende.

Bei Studierenden ist Abschrift der Urteilsformel oder eines rechtskräftigen Strafbefehls dem Rektor der Universität zu übersenden. (Ziff. 18 der Allg. Verf. v. 29. April 1907 JMBl. S. 359 ff.).

X. Strafvollstreckung.

Vermerk über die Gründe.

Wird Strafaussetzung im Einverständnis aller beteiligten Stellen, insbesondere bei in Erziehungsanstalten Untergebrachten auch der Erziehungsorgane nicht veranlaßt, so sind die Gründe in den Akten zu vermerken. Dieser Vermerk ist von dem Ersten Staatsanwalt gegenzuzeichnen. (Siehe § 8 Abs. 2 der Allg. Verf. v. 14. März 1917 in Teil B des Buches).

Vollstreckungsersuchen.

Dem Strafvollstreckungsersuchen ist eine Abschrift des Urteils und eine sog. Charakteristik des jugendl. Verurteilten beizufügen nach dem dafür eingeführten Formular.

Antrittsladung an Fürsorgezöglinge.

Nicht in Haft befindliche Fürsorgezöglinge sind unter abschriftlicher Mitteilung der Ladung an den zuständigen Kommunalverband (Landeshauptmann) zum Strafantritt zu laden. Erfolgt der Strafantritt innerhalb der gesetzten geräumig zu bemessenden Frist nicht, so ist Haftbefehl zu erlassen und um dessen Ausführung die Polizeibehörde zu ersuchen.

Die Abholung der Zöglinge aus dem Gefängnisse nach verbüßter Strafe ist Sache des Kommunalverbandes, der von dem Gefängnisvorsteher von dem Strafende in Kenntnis gesetzt wird.

Jugendgefängnis.

Die Freiheitsstrafe ist nach § 57 letzter Absatz des StGB. in besonderen zur Verbüßung von Strafen jugendlicher Personen bestimmten Anstalten oder Räumen zu vollziehen.

Zur Verbüßung der Strafen, jedenfalls solcher, deren Dauer einen Monat übersteigt, werden sie der Regel nach in besonderen Anstalten (Abteilungen) untergebracht. Sie können darin bis zum vollendeten 20. Lebensjahre und, falls der dann noch zu verbüßende Strafrest die Dauer von drei Monaten nicht übersteigt, bis zur Verbüßung dieses Strafrestes behalten werden. Andernfalls sind sie in ein Gefängnis (eine Abteilung) für erwachsene Gefangene zu versetzen. (§ 34 Ziff. III der Gefängnis-Ordnung).

B. Die bedingte Strafaussetzung.

Allerhöchster Erlaß vom 9. März 1917 und Allgemeine Verfügung vom 14. März 1917 betreffend die bedingte Strafaussetzung.

(JMBl. 1917 Nr. 11.)

a) Allerhöchster Erlaß.

Auf Ihren Bericht vom 5. März d. Js. genehmige Ich in Erweiterung Meiner Erlasse vom 23. Oktober 1895 und 6. November 1912, daß die Oberstaatsanwälte und die Ersten Staatsanwälte bei den Landgerichten ermächtigt werden, solchen Personen, die zu Freiheitsstrafe von nicht mehr als sechs Monaten verurteilt sind und, soweit sie zur Zeit der Tat das 18. Lebensjahr bereits vollendet hatten, noch nicht wegen Verbrechens oder Vergehens Freiheitsstrafe verbüßt haben, bedingte Strafaussetzung zu gewähren, wenn auch das erkennende Gericht sich für Strafaussetzung ausgesprochen hat.

Großes Hauptquartier, den 9. März 1917.

(gez.) Wilhelm. (gez.) Beseler.

Zuständigkeit.

b) Allgemeine Verfügung.

Auf Grund des vorstehenden Allerhöchsten Erlasses vom 9. März 1917 ermächtige ich die Oberstaatsanwälte und die Ersten Staatsanwälte bei den Landgerichten, solchen Personen, die zur Freiheitsstrafe von nicht mehr als sechs Monaten verurteilt sind und, soweit sie zur Zeit der Tat das 18. Lebensjahr bereits vollendet hatten, noch nicht wegen Verbrechens oder Vergehens Freiheitsstrafe verbüßt haben, bedingte Strafaussetzung zu gewähren, wenn auch das erkennende Gericht sich für Strafaussetzung ausgesprochen hat. Bei Verurteilungen wegen mehrerer strafbarer Handlungen bestimmt sich die Zuständigkeit zur Bewilligung der Strafaussetzung nach der Höhe der vom Gericht erkannten Gesamtstrafe oder, wenn die Voraussetzungen für die Bildung einer Gesamtstrafe nicht vorliegen, nach der Gesamtdauer der erkannten Einzelstrafen.[1])

In allen Fällen, in denen das erkennende Gericht sich für Strafaussetzung ausgesprochen hat, ist meine Entscheidung einzuholen, wenn der Erste Staatsanwalt und auf dessen Bericht der Oberstaatsanwalt Bedenken tragen, dem Verurteilten Strafaussetzung zu gewähren, oder wenn sie zur Gewährung der Strafaussetzung nicht zuständig sind.

---

[1]) Ist in einer Sache für eine Strafe Strafaussetzung gewährt und erfolgt in einer neuen Sache Verurteilung zu einer Strafe, die zusammen mit der ersten 6 Monate übersteigt, so ist unter Beifügung des Verz. A aus der ersten Sache die Entscheidung des Justizministers einzuholen über die Strafaussetzung in der zweiten Sache und die Verlängerung der Bewährungsfrist hinsichtlich der ersten Sache.

Ist ein Verurteilter von mehreren Gerichten zu Einzelstrafen von insgesamt mehr als 6 Monaten verurteilt, die nicht zu einer Gesamtstrafe zu vereinigen sind, und soll hinsichtlich dieser Strafen Strafaussetzung erfolgen, so ist die Entscheidung des JM. einzuholen. Es ist nicht gesagt, wie und von wem dies geschehen soll. Zweckmäßig dürften alle Strafen in ein Verzeichnis A aufzunehmen sein. Es hätte sich vielleicht empfohlen zu bestimmen, daß die Aufnahme von derjenigen Strafvollstreckungsbehörde zu bewirken ist, in deren Sache die schwerste Strafart, bei Strafen gleicher Art die höchste Einzelstrafe erkannt worden ist und bei gleich hohen Strafen diejenige, in deren Sache das Urteil zuletzt rechtskräftig geworden ist.

Ich ermächtige ferner die Oberstaatsanwälte und die Ersten Staatsanwälte bei den Landgerichten, bedingte Strafaussetzungen ohne Unterschied, wer sie gewährt hat, zu widerrufen, und zwar die Oberstaatsanwälte ohne Rücksicht auf die Dauer der Strafe, die Ersten Staatsanwälte insoweit, als die Dauer der ausgesetzten Strafe oder des ausgesetzten Teiles der Strafe sechs Monate nicht übersteigt.[2])

Die bedingte Strafaussetzung ist nach folgenden Bestimmungen zu handhaben:

I. Abschnitt. Allgemeine Grundsätze.

Zu berücksichtigende Strafen und Personen.

§ 1. Die bedingte Strafaussetzung findet auf Freiheitsstrafen Anwendung, die durch richterliche Entscheidung[3]) (Urteil, Strafbefehl) an erster Stelle oder für den Unvermögensfall erkannt sind.

Vorzugsweise kommen nicht vorbestrafte Personen[4]) in Betracht, die zur Zeit der Tat das 18. Lebensjahr noch nicht vollendet[5]) hatten und zu nicht längerer als sechsmonatiger Freiheitsstrafe verurteilt sind. Ältere oder zu längerer Strafe verurteilte Personen sind nur zu berücksichtigen, wenn besondere Milderungsgründe vorliegen.

Voraussetzungen.

§ 2. Die Strafaussetzung ist in der Regel nur zu gewähren oder anzuregen, wenn die begangene Verfehlung

---

[2]) Ist in zwei Sachen, von denen in einer beispielsweise 3 Monate, in der anderen 4 Monate Strafe erkannt sind, Strafaussetzung gewährt, so wird der E. St.-A. hinsichtlich jeder der beiden Strafen die Aussetzung selbständig widerrufen können und zwar, wenn die Sachen bei verschiedenen Staatsanwaltschaften schweben, bei Einigkeit der beiden E. St.-A. über den Widerruf. Es kommt hier nach dem Wortlaute der Allg. Verf. auf die Dauer der einzelnen ausgesetzten Strafen, nicht wie in Abs. 1 auf die Gesamtdauer der Einzelstrafen an. Soll die Strafaussetzung für zwei Strafen von 7 Monaten und 2 Monaten widerrufen werden, so wird zweckmäßig die Entscheidung des O.-St.-A. über den Widerruf beider Strafen einzuholen sein.

[3]) Eines preußischen bürgerlichen ordentlichen Strafgerichts in Offizial- und Privatklagesachen. Auch Ordnungsstrafen dürften nicht grundsätzlich ausgeschlossen sein.

[4]) Ausländer sind nicht grundsätzlich ausgeschlossen.

[5]) Dieses ist vollendet mit dem Beginne des 18. Geburtstages (§ 187 Abs. 2 BGB.).

nicht durch Verdorbenheit und verbrecherische Neigung, sondern durch *Leichtsinn, Unerfahrenheit, Verführung* oder *Not*[6]) veranlaßt ist, **und** wenn *erwartet werden kann*, daß der Verurteilte sich durch gute Führung während der Bewährungszeit eines künftigen Gnadenerweises *würdig erzeigen werde*. Für die Entscheidung dieser Frage ist neben den *Umständen der Tat*, die insbesondere auch nach ihren etwaigen Beziehungen zu den durch den Krieg geschaffenen Verhältnissen[7]) zu würdigen ist, vor allem das *Vorleben*[8]) des Verurteilten von Bedeutung. Auch der Tat nachfolgende Umstände können in Betracht kommen; insbesondere, daß der Verurteilte den ernstlichen *Willen* zeigt, nach Kräften den verursachten *Schaden wieder gut zu machen*.[9]) Bei *Ersatzfreiheitsstrafen* ist Strafaussetzung in der Regel *nur* zu gewähren oder anzuregen, wenn der Verurteilte *auch bei gutem Willen zur Abtragung der Geldstrafe selbst in Teilzahlungen nicht imstande ist*. Auch die Verhältnisse, in denen der Verurteilte während der Bewährungsfrist voraussichtlich zu leben haben wird, sind in Betracht zu ziehen. In geeigneten Fällen ist auf besondere Vorkehrungen hinzuwirken (Unterbringung in einer geeigneten Lehr- oder Dienststelle,[10]) Fürsorgeerziehung oder sonstige Maßnahmen des Vormundschaftsgerichtes).[11]) Die Hoffnung auf

---

[6]) Keine erschöpfende Aufzählung. Bei Verfehlungen der während des Krieges zahlreich eingestellten Postaushelfer ist besonders auch zu berücksichtigen, ob sie aus bloßer Neugier, Bequemlichkeit oder Naschsucht oder aus Habsucht z. B. in der Absicht gehandelt haben, durch den Verkauf des Inhalts von Postsendungen sich zu bereichern, auch ob sie sich etwa bewußtermaßen gerade an Feldpostsendungen vergriffen haben (Allg. Verf. v. 29. Jan. 1917 I 5195/16).

[7]) Z. B. mangelnde Aufsicht infolge Einziehung des Vaters, übergroße Vertrauensstellung des Jugendlichen.

[8]) Führung in Schule, Haus, Beruf, bisherige Unbescholtenheit.

[9]) Auf diesen Umstand, der überhaupt in unserem Strafrecht mehr berücksichtigt werden sollte, wird gerade bei Jugendlichen besonderer Wert zu legen sein. Es wird darauf hinzuwirken sein, daß mit dem Ersatze des Schadens möglichst schon vor Gewährung der Strafaussetzung begonnen und nachher damit fortgefahren wird. Insbesondere wird eine dem Verurteilten etwa bestellte Schutzaufsichtsperson zu ersuchen sein, in dieser Richtung auf den Verurteilten einzuwirken.

[10]) Die Hilfe der Jugendzentralen, die in dieser Hinsicht Vortreffliches leisten, ist nötigenfalls in Anspruch zu nehmen.

[11]) Z. B. Bestellung eines Beistandes für die Mutter. Nach Rechtskraft des Urteils sind die Akten zweckmäßig dem Vormundschafts-

Bewährung kann auch dadurch begründet werden, daß der Verurteilte sich der Schutzaufsicht eines Fürsorgevereins[12]) oder einer Trinkerfürsorgestelle usw. freiwillig unterstellt.

Bei Freiheitsstrafen von längerer Dauer kann es sich empfehlen, die bedingte Strafaussetzung nur bezüglich eines Teiles der erkannten Strafe in Aussicht zu nehmen, wenn nach der Art der Straftat oder nach der Persönlichkeit des Täters die Aussetzung der ganzen Strafe als eine zu weitgehende Vergünstigung erscheinen würde, jedoch ein günstiger Einfluß auf den Verurteilten davon erhofft werden kann, daß der Erlaß eines beträchtlichen Teiles der Strafe von einer längeren Bewährungsfrist abhängig gemacht wird.

Erkundigungen.

§ 3. Die erforderlichen Erkundigungen sind schonend einzuziehen. Als Auskunftsstellen kommen, abgesehen von den Gemeinde- und Polizeiverwaltungen, insbesondere Waisenräte, Geistliche, Lehrer, Fürsorgevereine, unter Umständen auch Arbeitgeber, Lehr- und Dienstherren[13]) in Betracht. Auf eine vertrauliche Behandlung der Anfragen ist hinzuwirken.

Verzeichnisse A und B.

§ 4. Die Strafvollstreckungsbehörden haben sich über die bedingte Strafaussetzung sowie demnächst nach Ablauf der Be-

---

oder Jugendrichter, der schon Abschrift der Anklage erhalten hat, zur Kenntnis zu übersenden mit dem Ersuchen um Beifügung seiner Vorgänge bei Aktenrückgabe. Aus diesen ersieht man dann die von ihm getroffenen Maßnahmen.

[12]) In geeigneten Fällen ersucht der Jugend- oder Vormundschaftsrichter oder der Staatsanwalt die Jugendzentrale um Bestellung einer Schutzaufsicht.

[13]) Die Anhörung des gegenwärtigen Arbeitgebers bringt oft Nachteile für die Person mit sich, über welche die Erkundigungen eingeholt werden. Es dürfte sich empfehlen, bei den Landesformularen betr. Ersuchen um Auskunft allgemein einen Zusatz zu machen, wie ihn der O.-St.-A. bei dem Kammergericht dahin angeordnet hat: „Die Anhörung des Arbeitgebers hat häufig zur Folge gehabt, daß der Beschuldigte seine Arbeitsstelle verloren hat. Es wird deshalb mit besonderer Vorsicht zu prüfen sein, ob auch der derzeitige Arbeitgeber wird befragt werden müssen. In der Regel wird hiervon dann abgesehen werden können, wenn nach Lage des Falles auch ohne die Äußerung des Arbeitgebers ein abschließendes Urteil über die Persönlichkeit des Jugendlichen gewonnen werden kann." — Der O.-St.-A. in Breslau hat angeordnet, daß der gegenwärtige Arbeitgeber grundsätzlich nicht anzufragen, vielmehr nur festzustellen ist, ob er befähigt ist, den Jugendlichen zu beaufsichtigen und auf ihn persönlich einzuwirken.

währungszeit über die Begnadigung in Verzeichnissen nach dem anliegenden Muster (Verzeichnis A und B) zu äußern und die Äußerung unter Zeitangabe zu unterzeichnen. Für jeden Verurteilten ist ein besonderes Verzeichnis auszufüllen; mehrere in derselben Strafsache verurteilte Personen sind jedoch, soweit nicht besondere Gründe dies als unzweckmäßig erscheinen lassen,[14]) zusammen in dasselbe Verzeichnis aufzunehmen. Die Verurteilten sind als solche, nicht als Angeklagte zu bezeichnen. Auf sparsamen Papierverbrauch ist in jedem Falle zu achten; die Verwendung von Einlagebogen wird sich in der Regel durch Benutzung auch der vierten Seite des Verzeichnisses vermeiden lassen.

Einreichung seitens der Amtsgerichte.

Die Amtsgerichte reichen die von ihnen aufgestellten Verzeichnisse, ihre Vorschläge wegen Widerrufs, Fristverlängerung usw. und etwaige Sonderberichte an den Justizminister in allen Fällen den Ersten Staatsanwälten[15]) ein. Diese übersenden, soweit sie nicht selbst gemäß ihrer Zuständigkeit Strafaussetzung gewähren, die von den Amtsgerichten mitgeteilten Schriftstücke sowie die von ihnen selbst aufgestellten Verzeichnisse nach näherer Bestimmung der §§ 18, 31 den Oberstaatsanwälten. Die Oberstaatsanwälte treffen entweder gemäß ihrer Zuständigkeit selbst Entscheidung[16]) oder reichen die Schriftstücke an den Justizminister weiter. Wollen Erste Staatsanwälte oder Oberstaatsanwälte von den bei ihnen eingereichten Vorschlägen abweichen, so haben sie ihre Vorschläge in Spalte 4 oder 6 oder an einer anderen hierzu geeigneten Stelle des Verzeichnisses, erforderlichenfalls auf einer besonderen Anlage, kurz zu begründen. Die Ersten Staatsanwälte und die Oberstaatsanwälte sind befugt, die Amtsgerichte um weitere

[14]) Z. B. wenn verschieden lange Bewährungsfristen in Aussicht genommen werden oder wenn bei einem Mitverurteilten es zweifelhaft erscheint, ob ihm Strafaussetzung gewährt werden wird.

[15]) Anders aber in Forst-, Steuer-, Zoll- und Gewerbestrafsachen gemäß §§ 36 und 38.

[16]) In den Fällen des § 11 gemäß Abs. 2 daselbst, wenn die Strafzeit nicht über 6 Monate beträgt und beim Widerruf von Strafaussetzungen, wenn ihre Entscheidung darüber eingeholt wird.

Aufklärungen und um Ergänzung der Verzeichnisse usw. zu ersuchen.

Reinschriften der Verzeichnisse sind nur insoweit anzufertigen, als die Urschrift etwa schlecht leserlich oder beschädigt ist. Dem Ermessen der Ersten Staatsanwälte und der Oberstaatsanwälte bleibt es, soweit nicht besonders bestimmt ist, überlassen, ob die Akten im einzelnen Falle zur Vorbereitung der eigenen Entschließung einzuziehen oder bei Einholung der höheren Entscheidung beizufügen[17]) sind. Im allgemeinen wird nur darauf hingewiesen, daß es erwünscht ist, die Versendung von Akten in möglichst engen Grenzen zu halten, daß dieser Gesichtspunkt aber zurücktreten muß, wenn die nähere Kenntnis des Akteninhalts für eine sachgemäße Entscheidung, namentlich im Falle bestehender Meinungsverschiedenheiten, erforderlich erscheint.[18])

Ist die Strafaussetzung nicht nach Eintragung des Verurteilten in ein Verzeichnis A erfolgt, sondern durch besondere Verfügung des Justizministers angeordnet worden,[19]) so finden auf das weitere Verfahren die gleichen Vorschriften Anwendung wie im Falle der Strafaussetzung nach Eintragung in das Verzeichnis A; ist eine weitere Entscheidung über die Verlängerung einer Bewährungsfrist oder über die Befürwortung eines Gnadenerweises einzuholen, so ist nachträglich ein Verzeichnis A aufzustellen,[20]) dessen Spalte 5 durch einen entsprechenden Vermerk[21]) auszufüllen ist.

---

[17]) Die Akten sind dann auf der Vorderseite des betr. Bogens als Anlage zu vermerken.

[18]) Die Akten sind beizufügen, wenn höhere Entscheidung wegen Meinungsverschiedenheiten eingeholt wird, § 11 Abs. 3.

[19]) Z. B. auf Grund eines Berichtes über ein Gnadengesuch, in dem ein anderer Vorschlag als Strafaussetzung gemacht war.

[20]) Also immer, wenn es zur Aufstellung eines Verzeichnisses B kommt.

[21]) Der Vermerk wird etwa lauten: Strafaussetzung bis . . . . . ist durch besondere Verfügung vom . . . . . — IV b 3271 — angeordnet worden.

II. Abschnitt. Das regelmäßige Verfahren.

A. Strafaussetzungsverfahren.

I. Maßnahmen der Strafvollstreckungsbehörde.

Vorverfahren.

§ 5. Mit der Aufklärung der Umstände, die für die Frage der späteren Strafaussetzung erheblich sein können, ist schon im Vorverfahren so frühzeitig zu beginnen, daß das Ergebnis der Ermittelungen tunlichst bereits in der Hauptverhandlung vorliegt.[22])

II. Äußerung des erkennenden Gerichts.

§ 6. Wird durch richterliche Entscheidung (Urteil, Strafbefehl) gegen eine Person, die zur Zeit der Tat das 18. Lebensjahr noch nicht vollendet hatte, auf Freiheitsstrafe[23]) erkannt, so hat das Gericht bei Erlaß der Entscheidung in einer besonderen Äußerung für oder gegen die Gewährung bedingter Strafaussetzung Stellung zu nehmen. Hatte die Person zur Zeit der Tat das 18. Lebensjahr bereits vollendet, so ist die Äußerung des Gerichts nur dann erforderlich, wenn es für die Gewährung von Strafaussetzung Stellung nimmt.

Diese Vorschriften gelten auch für das Berufungsgericht, wenn es nicht die Berufung lediglich aus prozessualen Gründen verwirft.

Es empfiehlt sich, die Stellungnahme des Gerichts nicht zu verkünden,[24]) damit der weiteren Entschließung

---

[22]) Siehe in Teil A dieses Buches I und IV. Das Verfahren darf durch diese Ermittelungen nicht verzögert werden, denn gerade im Jugendstrafverfahren ist möglichst schnelle Aburteilung besonders erstrebenswert.

[23]) Auch wenn in erster Linie auf Geldstrafe erkannt ist, hat sich das Gericht wegen etwaiger Aussetzung der Ersatzfreiheitsstrafe alsbald schlüssig zu machen.

[24]) Nicht ausgeschlossen wird es sein, daß der Vorsitzende verkündet, es werde geprüft werden, ob die Strafvollstreckung zunächst ausgesetzt werden und dem Verurteilten Gelegenheit geboten werden könne, sich durch künftige gute Führung noch den Straferlaß zu verdienen. Erfahrungsgemäß werden dadurch viele jugendliche Verurteilte oder deren gesetzl. Vertreter von der Einlegung unnötiger und unbegründeter Rechtsmittel abgehalten. Ferner wird eine im Anschluß daran an den Verurteilten vor dem Gerichtshofe vom Vorsitzenden gerichtete Ermahnung zum Wohlverhalten besonders wirksam sein. Auch wird dadurch die Einreichung unnötiger Throngesuche verhindert.

nicht vorgegriffen und das Hervortreten von Meinungsverschiedenheiten über die Frage der Strafaussetzung vermieden wird.

Niederschrift der Gerichtsäußerung.

§ 7. Die Äußerung des Gerichts wird von dem Vorsitzenden in Spalte 3 des Verzeichnisses[25]) (unter a), dessen Spalte 1 u. 2 (letztere unter a und b) von dem Gerichtsschreiber[26]) auszufüllen sind, schriftlich abgegeben und unter Zeitangabe unterzeichnet. Sie legt in gedrängter Form dar, inwiefern nach der Beschaffenheit der Tat sowie nach den Lebensverhältnissen und etwaigen Vorstrafen des Täters die Gewährung von Strafaussetzung sich empfiehlt oder nicht empfiehlt.

Auch die Äußerung des Berufungsgerichts erfolgt gegebenenfalls in Spalte 3 unter der Äußerung des ersten Gerichts.[27])

---

[25]) Bisher war die Äußerung schriftlich abzugeben und zu den Akten zu nehmen. Dies war m. E. praktischer. Die Eintragungen in das Verzeichnis wird der Vorsitzende erst nach der Sitzung, ja vielleicht erst nach Tagen machen können. Er wird sich dann nicht bei jedem Verurteilten deutlich erinnern, welche Gesichtspunkte für das Gericht maßgebend gewesen sind. Es ist daher empfehlenswert, daß in landgerichtlichen Sachen wie bisher der Berichterstatter zunächst die Äußerung des Gerichts zu Papier bringt, der Vorsitzende diese zeichnet, sie zu den Akten nimmt und auf Grund derselben seine Eintragung in die Liste macht. Geschieht dies nicht, so kann das Landgericht, wenn ihm gemäß § 19 die Entscheidung über die Strafaussetzung bekannt gemacht wird, auch aus den Akten gar nicht sehen, wie es sich geäußert hat, oder die einzelnen Bogen des Verz. A müßten wieder aus den Gesamtverzeichnissen herausgenommen, mit den Akten dem Landgericht übersandt und dann wieder zu den Gesamtverzeichnissen genommen werden, was sehr umständlich ist.

Ändert das Gericht nachträglich seine Äußerung, so wird der Bogen weggeworfen und völlig neu aufgestellt werden müssen. Sind verschiedene Gerichte beteiligt, deren Strafen in ein Verzeichnis aufzunehmen sind — vgl. Anm. 1 Abs. 2 — so müssen die Akten und das Verzeichnis überall umhergesandt werden, damit die Vorsitzenden die Äußerung des Gerichts eintragen und unterschreiben und die von den einzelnen Gerichten etwa besonders aufgestellten Bogen sind überflüssig. Siehe auch Anm. 27.

[26]) Auch dies ist wenig praktisch, wie sich bereits aus Anm. 25 ergibt. Das bisherige Verfahren, daß die Verzeichnisse vollständig bei der Strafvollstreckungsbehörde aufgestellt wurden und auch die Äußerung des Gerichts von dieser aus den Akten in die Liste übertragen wurde, war vorzuziehen.

[27]) Da das erste Gericht bei Erlaß der Entscheidung sich äußern und der Vorsitzende diese Äußerung in die Liste eintragen soll, ist an-

III. Weiteres Verfahren.

1. Vorbereitende Maßnahmen.

§ 8. Die Strafvollstreckungsbehörde hat vor Einleitung des Vollzugs einer Freiheitsstrafe gegen eine Person, die zur Zeit der Tat das 18. Lebensjahr noch nicht vollendet hatte, in jedem Falle zu prüfen, ob die Erwirkung der bedingten Strafaussetzung angezeigt erscheint, und hat zu diesem Zwecke die im Vorverfahren eingeleiteten Ermittelungen (§ 5) mit tunlichster Beschleunigung zu Ende zu führen.

Findet die Strafvollstreckungsbehörde in Übereinstimmung mit dem erkennenden Gerichte keine Veranlassung, für einen jugendlichen Verurteilten Strafaussetzung anzuregen, so hat sie bei Einleitung der Strafvollstreckung ihre Gründe in den Akten zu vermerken.[28])

Anhörung anderer Behörden.

§ 9. Die Strafvollstreckungsbehörde hat anderen staatlichen Behörden, deren Geschäftsbereich von der Straftat oder von der Strafaussetzung berührt wird (z. B. weil die Straftat staatliche Interessen schädigte oder gefährdete oder weil der Verurteilte Beamter ist), Gelegenheit zur Stellungnahme zu geben, wozu in der Regel Übersendung des Verzeichnisses A mit dem Ersuchen um Äußerung[29]) genügen wird.

Ist der Erste Staatsanwalt für die Gewährung der Strafaussetzung zuständig, so hat er, andernfalls der Oberstaatsanwalt, sich auch mit der zuständigen Provinzial-

---

zunehmen, daß sie in die Berufungsinstanz mitgesandt werden soll. Erfolgt dort Freisprechung, so ist die Liste unnötig aufgestellt, erfolgt Freisprechung hinsichtlich einiger Mitangeklagten oder einzelner Straftaten, so ist sie unbrauchbar. Vor Rechtskraft des Urteils läßt sich die Liste überhaupt nicht aufstellen. Auch der Schöffenrichter wird daher die Äußerung des Gerichts zunächst schriftlich in den Akten niederlegen müssen. Erst das Berufungsgericht wird dann zweckmäßig mit der Aufstellung der Liste beginnen, indem es seine Äußerung hineinschreibt und für die darüber zu setzende Äußerung des ersten Richters Platz läßt. Die weitere Aufstellung der Liste erfolgt dann beim ersten Gericht. Auch diese Schwierigkeiten bestanden beim früheren Verfahren nicht.

[28]) Dieser Vermerk ist von dem E. St.-A. zum Zeichen der Billigung der Gründe gegenzuzeichnen.

[29]) Dies wird zweckmäßig geschehen, ehe die Vollstreckungsbehörde ihre Äußerung in das Verzeichnis einträgt. Die beabsichtigte Stellungnahme wird in dem Ersuchungsschreiben zu erwähnen sein. Äußert sich die Behörde anders als das Gericht, so ist diesem Gelegenheit zu nochmaliger Stellungnahme zu geben.

behörde in Verbindung zu setzen, sofern nicht schon die dieser untergeordnete Behörde dies getan hat; ist eine Provinzialbehörde nicht vorhanden, so ist die Stellungnahme der Zentralbehörde durch Vermittelung des Justizministers herbeizuführen.[30])

Diese Bestimmungen gelten nicht, wenn es sich nur um eine geringfügige und einer grundsätzlichen Bedeutung entbehrende Straftat handelt.[31])

In den Verzeichnissen usw. ist die Stellungnahme der Behörden zu erwähnen.[32])

Nachträgliche Äußerung des Gerichts.

§ 10. Hält die Strafvollstreckungsbehörde Strafaussetzung für angezeigt und hat sich das Gericht noch nicht geäußert (z. B. wenn auf eine Geldstrafe erkannt worden ist, die sich als uneinbringlich erwiesen hat),[33]) so sind die Akten nach Abschluß der Ermittelungen dem Gericht[34]) zur nachträglichen Äußerung vorzulegen. Das Gericht hat dem Ersuchen um eine Äußerung über bedingte Strafaussetzung auch dann stattzugeben, wenn es von dem Ersten Staatsanwalt zwecks Erstattung eines Berichts darum angegangen wird.

Handelt es sich um die nachträgliche Äußerung eines Schöffengerichts, so bedarf es einer Zuziehung

---

[30]) Dies wird dadurch geschehen können, daß der E. St.-A. in das Verzeichnis die Bitte einträgt, die Stellungnahme der Zentralbehörde herbeizuführen, denn wenn diese gehört werden soll, wird regelmäßig eine Sache von besonderer Bedeutung vorliegen, so daß gemäß § 11 d die Entscheidung des Justizministers einzuholen ist, das Verzeichnis also so wie so an ihn gelangt.

[31]) In solchen Sachen gelten sowohl die Bestimmungen von Abs. 1 wie 2 nicht.

[32]) Wenn der O.-St.-A. die Stellungnahme der Provinzialbehörde einholt, von diesem.

[33]) Grundsätzlich soll von vornherein die Äußerung des Gerichts auch für Ersatzfreiheitsstrafen erfolgen. Stellt sich dann heraus, daß der Verurteilte aus Mangel an gutem Willen nicht zahlt, so ist dem Gericht, wenn es Aussetzung befürwortet hat, Gelegenheit zur Änderung der Äußerung zu geben.

Ein anderer Fall ist der, wenn der Verurteilte zur Zeit der Tat schon über 18 Jahre alt war und das Gericht Strafaussetzung nicht in Aussicht genommen hatte.

[34]) Wenn die erkennende Kammer noch in derselben Weise besetzt ist wie in der Hauptverhandlung, kann diese sich äußern, andernfalls hat es die Beschlußkammer zu tun. Deren Äußerung genügt in jedem Falle.

der Schöffen nicht; die Äußerung des Vorsitzenden[35]) hat in diesem Falle die gleiche Wirkung wie diejenige des erkennenden Gerichts.

Notwendigkeit höherer Entscheidung.

§ 11. Der Erste Staatsanwalt hat in jedem Falle die höhere Entscheidung durch Einreichung des Verzeichnisses A einzuholen, wenn

a) das Gericht sich für Strafaussetzung ausgesprochen hat, der Strafvollstreckungsrichter oder der Erste Staatsanwalt sie dagegen nicht für angezeigt erachtet,

b) das Gericht sich gegen Strafaussetzung ausgesprochen hat, der Strafvollstreckungsrichter oder der Erste Staatsanwalt sie dagegen für angezeigt erachtet,

c) in den Fällen des § 9 ein Einverständnis über die Behandlung des Falles nicht erzielt wurde,

d) über die Strafaussetzung in einer Strafsache von besonderer Bedeutung oder beim Vorliegen erheblicher Zweifelsgründe zu entscheiden ist.[36])

Der Oberstaatsanwalt ist in diesen Fällen innerhalb seiner Zuständigkeit[37]) zur Entscheidung befugt, wenn er bei Meinungsverschiedenheiten (a bis c) den vom Ersten Staatsanwalt eingenommenen Standpunkt nicht teilt und im übrigen Einverständnis über die Behandlung des Falles besteht, oder wenn er im Falle d die Bedeutung der Sache oder die Zweifelsgründe nicht für so erheblich hält, daß die Entscheidung des Justizministers herbeigeführt werden muß. Andernfalls reicht er das Verzeichnis gemäß § 4 Abs. 2 an den Justizminister weiter.

Wird die höhere Entscheidung nicht lediglich wegen fehlender Zuständigkeit, sondern wegen bestehender Meinungsverschiedenheiten eingeholt, so sind die Akten in der Regel beizufügen.

Der Einholung der höheren Entscheidung aus Anlaß von Meinungsverschiedenheiten bedarf es nicht, wenn nachträgliche

---

[35]) Wenn möglich desjenigen, der die Verhandlung wirklich geleitet hat.

[36]) Ferner ist im Falle des § 33 c höhere Entscheidung einzuholen.

[37]) Bei 6 Monate nicht übersteigender Strafzeit.

Ermittelungen zu einer Einigung über die Behandlung des Falles geführt haben.[38])

Fürsorge- und Anstaltszöglinge.

§ 12. Bezüglich Minderjähriger, die der Fürsorgeerziehung oder aus anderer Veranlassung[39]) einer Erziehungs- oder Besserungsanstalt überwiesen oder die gemäß § 5 des Fürsorgeerziehungsgesetzes vorläufig untergebracht sind, hat die Strafvollstreckungsbehörde in jedem Falle die Frage der bedingten Strafaussetzung auch unter dem Gesichtspunkte zu prüfen, daß eine Störung oder ein Aufschub des Erziehungswerkes durch den Strafvollzug möglichst vermieden werden soll. Hält die Strafvollstreckungsbehörde nach der Persönlichkeit des Verurteilten, insbesondere nach seinen Vorstrafen, oder nach der Schwere der Straftat sofortigen Strafvollzug dennoch für geboten, so hat sie dem Vorstande des zur Fürsorgeerziehung verpflichteten Kommunalverbandes[40]) oder der Erziehungs- oder Besserungsanstalt,[41]) in Fällen vorläufiger Unterbringung (§ 5 FEG.) dem Vormund-

[38]) Das innerliche verständnisvolle Zusammenwirken von Gericht und Staatsanwaltschaft erscheint als die wichtigste Gewähr für eine gesunde Weiterentwickelung der bedingten Strafaussetzung. Wird die Fühlung zwischen Gericht und Staatsanwaltschaft nicht lediglich durch Austausch von Schriftstücken, sondern auch durch gelegentliche persönliche Aussprache hergestellt und bewahrt, so ist zu erwarten, daß die Notwendigkeit, infolge von Meinungsverschiedenheiten die höhere Entscheidung gemäß § 11 einholen zu müssen, nur ausnahmsweise eintreten wird. Insbesondere wird auch die Anstellung weiterer Ermittelungen häufig ein geeignetes Mittel sein, anfänglich widerstreitende Ansichten zusammenzuführen. Letzteres gilt in gleicher Weise auch hinsichtlich der Beteiligung anderer staatlicher Behörden sowie der Fürsorgeerziehungsstellen an den zu treffenden Entscheidungen. (Allg. Verf. v. 18. März 1917 I 4349.)

[39]) Etwa auf Grund des § 56 des StGB. Für solche Jugendliche, die durch die Eltern oder sonstigen gesetzl. Vertreter privatim einer Erziehungsanstalt übergeben sind, gelten die Vorschriften dieses Paragraphen nicht. Freilich wird es sich auch in solchen Fällen empfehlen, die Anstaltsleitung zu hören und ihren Wünschen, wenn angängig, Rechnung zu tragen.

[40]) D. i. regelmäßig der Provinzialverband und dessen Vorstand der Landeshauptmann oder Landesdirektor. In Hessen-Nassau sind die Bezirksverbände, im Stadtkreise Berlin dieser (Vorstand die städt. Waisendeputation) zur Unterbringung verpflichtet.

[41]) Nicht bei Fürsorgezöglingen, sondern bei aus anderer Veranlassung der Anstalt überwiesenen Minderjährigen.

schaftsgericht unverzüglich Gelegenheit zur Stellungnahme[42]) zu geben. Die Bestimmungen des § 11 Abs. 1 unter c, Abs. 2—4 und des § 9 Abs. 4 finden entsprechende Anwendung.[43])

Das gleiche gilt, wenn die Strafvollstreckungsbehörde vor der Anordnung dieser Erziehungsmaßnahmen oder in Unkenntnis ihres Bestehens den Strafvollzug bereits eingeleitet hat und die im Abs. 1 bezeichneten Stellen seine Unterbrechung zwecks bedingter Strafaussetzung beantragen.

Strafunterbrechung zwecks Strafaussetzung.

§ 13. Ist die Strafvollstreckung gegen einen Verurteilten bereits eingeleitet, so bleibt es dem Ermessen der Strafvollstreckungsbehörde überlassen, ob und wann mit Rücksicht auf die Absicht, hinsichtlich des verbleibenden Restes der erkannten Strafe bedingte Strafaussetzung zu gewähren oder vorzuschlagen, die Strafhaft zu unterbrechen ist.[44]) Soweit jedoch der Justizminister über die

[42]) Will die Strafvollstreckungsbehörde Strafaussetzung gewähren oder anregen, so braucht sie die bezeichneten Stellen nicht zu hören, auch nicht auf Grund des § 9, da dieser nur von staatlichen Behörden spricht. Hält sie Strafvollstreckung für geboten, so übersendet sie dem Vormundschaftsgerichte, wenn dieses zu hören ist, die Akten, den andern Stellen eine Abschrift der Urteilsformel unter Darlegung, warum Strafvollzug für angebracht erachtet wird mit dem Ersuchen um Stellungnahme.

[43]) Wird Einverständnis über die Behandlung des Falles nicht erzielt, so ist er in das dem J.-M. einzureihende Verzeichnis einzutragen, die Stellungnahme der Erziehungsorgane ist in dem Verzeichnisse zu erwähnen, die Akten sind dem betr. Bogen beizufügen.

Der O.-St.-A. kann entscheiden, wenn er den Standpunkt des E. St.-A. nicht teilt und im übrigen Einverständnis besteht.

Höhere Entscheidung braucht nicht eingeholt zu werden, wenn nachträglich allseitiges Einverständnis erzielt wird. Auf solches ist tunlichst hinzuwirken. S. Anm. 38 am Schlusse.

[44]) Geht hinsichtlich eines in Strafhaft befindlichen Verurteilten das Ersuchen einer Erziehungsstelle ein, Strafaussetzung herbeizuführen, so ist das Ersuchen mit den Akten und Angabe, wie sich die Vollstreckungsbehörde dazu stellt, dem Gericht zur Äußerung zu übersenden. Ist das Gericht für Strafaussetzung, die Vollstreckungsbehörde ebenfalls und beträgt die erkannte Strafe nicht über 6 Monate, so unterbricht der E. St.-A., wenn er Vollstreckungsbehörde ist, die Strafvollstreckung und gewährt Strafaussetzung hinsichtlich der Reststrafe. Das Amtsgericht sendet den von ihm aufgestellten Bogen in analoger Anwendung von § 13 Abs. 3 alsbald dem E. St.-A. ein. Bestehen Meinungsverschiedenheiten oder übersteigt die erkannte Strafe 6 Monate, so wird die Vollstreckung nicht unterbrochen, aber alsbald außerhalb des Gesamtverzeichnisses die Entscheidung des J.-M. eingeholt.

Strafaussetzung zu befinden hat, soll mit der Strafunterbrechung, von dringlichen Fällen abgesehen, in der Regel gewartet werden, bis die Entscheidung des Justizministers vorliegt.

Das Ermessen der Strafvollstreckungsbehörde entscheidet besonders auch dann, wenn der Fall des § 12 Abs. 2 vorliegt oder wenn mit der Strafvollstreckung gegen einen der im § 12 Abs. 1 bezeichneten Minderjährigen bereits begonnen werden mußte, weil er sich in Untersuchungshaft befand und die Einreichung des Verzeichnisses A (§ 4 Abs. 2) infolge des im § 12 vorgesehenen Verfahrens[45]) oder aus sonstigen Gründen sich nicht in angemessener Zeit bewirken ließ. Hält es die Strafvollstreckungsbehörde nach den Umständen des Falles für wahrscheinlich, daß bedingte Strafaussetzung nicht eintreten wird, so ist von einer vorläufigen Strafunterbrechung Abstand zu nehmen, da der späteren Entschließung über die bedingte Strafaussetzung meist in entscheidender Weise vorgegriffen ist, wenn der Verurteilte in die Erziehungsanstalt überführt ist und durch die Strafvollstreckung das Erziehungswerk erneut unterbrochen werden müßte.

Die höhere Entscheidung ist in solchen Fällen mit besonderer Beschleunigung außerhalb der Gesamtverzeichnisse (§ 18) einzuholen.[46])

[45]) In Haftsachen empfiehlt es sich bei Fürsorgezöglingen bei Erhebung der Anklage eine Abschrift derselben der in Betracht kommenden Fürsorgeerziehungsbehörde zu übersenden mit dem Ersuchen um Stellungnahme zur Strafaussetzung (vgl. Teil A des Buches IV Begleitvfg. zur Ankl.). Erklärt sich die Erziehungsstelle mit der Vollstreckung einverstanden, so wird regelmäßig auch für Gericht und Vollstreckungsbehörde kein Anlaß zur Befürwortung der Strafaussetzung vorliegen. Spricht sie sich für Strafaussetzung aus, so kann dies für dieselbe Stellungnahme von Gericht und Vollstreckungsbehörde entscheidend sein, so daß Meinungsverschiedenheiten vermieden werden. Ist das Gericht für Strafaussetzung, so wird es den Haftbefehl aufheben mit der Maßgabe, daß der Angekl. den Fürsorgeorganen zur Verfügung zu stellen ist. Sind Gericht und Vollstreckungsbehörde gegen, die Fürsorgebehörde für Strafaussetzung, so braucht diese nur nochmals gehört zu werden, wenn ihr noch nicht bekannte Umstände hervorgetreten sind, von denen zu erwarten ist, daß sie die Fürsorgebehörde zur Änderung ihres Standpunktes veranlassen könnten. Andernfalls kann alsbald das Verzeichnis aufgestellt und **gesondert** dem J.-M. eingereicht werden. Bei diesem Verfahren werden Verzögerungen, die zur Einleitung der Strafvollstreckung vor Entscheidung über die Strafaussetzung nötigten, nur selten vorkommen.

[46]) Der Überreichungsbericht wird urschriftlich auf die Vorderseite des Bogens gesetzt. Dahin ist auch das Wort „Haftsache“ zu setzen und mit Farbstift zu unterstreichen (§ 17 Ziff. 5).

Mehrere Strafsachen.

§ 14. Die Strafvollstreckung soll, wenn dem Verurteilten in einer anderen Strafsache bedingte Strafaussetzung bewilligt ist und er sich nicht in Untersuchungshaft befindet,[47]) tunlichst so lange aufgeschoben werden, bis über den Widerruf der Strafaussetzung in jener Sache entschieden ist. Kommt eine Einigung über die gleichmäßige Behandlung der Straffälle nicht zustande, so hat die Strafvollstreckungsbehörde, welche die Vollstreckung einleiten will, unter Einreichung der Akten die höhere Entscheidung einzuholen.[48])

[47]) Befindet er sich in Untersuchungshaft, so kann Strafvollstreckung ohne Rücksicht auf die in anderer Sache gewährte Strafaussetzung eingeleitet werden. Der Vollstreckungsbehörde der anderen Sache ist davon Nachricht zu geben, damit sie Widerruf der Strafaussetzung und Anschlußvollstreckung veranlassen kann.

[48]) Besteht in einer Sache Strafaussetzung, so teilt der Strafregisterführer, wenn hinsichtlich derselben Person aus einer neuen Strafsache eine Vorstrafenanfrage eingeht, mit

a) der Vollstreckungsbehörde der alten Sache: Hinsichtlich des N. N. dem dort Strafaussetzung bis zum . . . . . gewährt ist, ist von . . . . in . . . aus der Sache . . . eine Vorstrafenanfrage eingegangen. (Die so benachrichtigte Behörde verfügt zunächst eine Frist von etwa 2 Monaten und fordert dann die neuen Akten ein, wenn bis dahin niemand von der neuen Sache aus sich mit ihr in Verbindung gesetzt hat).

b) der Strafverfolgungsbehörde der neuen Sache die Vorstrafen mit Zusatz: Strafaussetzung ist bis . . . . gewährt.

Erfolgt in der neuen Sache rechtskräftige Verurteilung, so liegt es der Vollstreckungsbehörde der früheren Sache zunächst ob, die Eintragung des Verurteilten in die **Rückfälligenliste** zu verfügen, wenn die neue Straftat nach der früheren Verurteilung begangen ist, beide Verurteilungen zu denen zählen, die in das Strafregister aufzunehmen sind und der Verurteilte in Preußen geboren ist.

Das weitere Verfahren wegen Strafaussetzung spielt sich, wenn der neu Verurteilte nicht in Haft ist, folgendermaßen ab:

I. In der neuen Sache soll Strafaussetzung erfolgen: Die Vollstreckungsbehörde der neuen Sache setzt die der früheren Sache unter Übersendung der Akten von der neuen Verurteilung und der beabsichtigten Strafaussetzung in Kenntnis mit der Anfrage, ob von Widerruf abgesehen wird.

1. Die frühere Vollstreckungsbehörde ist damit einverstanden.

a) Der E. St.-A. des Bezirks der neuen Sache gewährt in dieser Strafaussetzung, wenn er dazu zuständig ist und verlängert die Bewährungsfrist in der alten Sache bis zu demselben Zeit-

Erfährt die Strafvollstreckungsbehörde, daß gegen den Verurteilten noch ein anderes Strafverfahren schwebt oder geschwebt hat, so hat sie sich mit der für dieses Verfahren zuständigen

punkte, wenn er auch hinsichtlich der früheren Sache zuständig ist. Dabei ist zu beachten, daß die Bewährungsfrist aber mindestens 3 Monate vor dem Eintritte der Verjährung der Strafvollstreckung enden muß. Stammt die frühere Sache nicht aus dem Bezirke desselben E. St.-A., so wird er in der neuen Sache denselben Bewährungsendpunkt wie in der früheren Sache unter Angabe des Grundes jedenfalls dann wählen dürfen, wenn die Frist in der neuen Sache noch mindestens 2 Jahre beträgt. Muß er die Frist über den Endpunkt der Bewährungsfrist in der früheren Sache hinaus bemessen, so muß es bei der Verschiedenheit der Fristen zunächst verbleiben. Die Frist in der alten Sache wird dann bei ihrem Ablaufe in der Regel bis zum Endpunkte der Frist in der neuen Sache zu verlängern sein.

b) Ist der E. St.-A., aus dessen Bezirke die neue Sache stammt, zur Gewährung von Strafaussetzung nicht zuständig, weil die Strafzeit in der neuen Sache allein oder zusammen mit der in der früheren Sache — siehe Anm. 1 — sechs Monate übersteigt oder weil ein Fall des § 11 vorliegt, so ist das hinsichtlich der neuen Sache aufzustellende Verz. A dem J.-M. einzureichen, der die alte Sache betr. Bogen als Anlage beizufügen und in Spalte 4 des Verz. A der neuen Sache beim Vorschlage der Bewährungsfrist hinzuzufügen „unter Verlängerung der Bewährungsfrist hinsichtlich der Sache (Aktenzeichen der alten Sache) bis zu demselben Zeitpunkte".

2. Die Vollstreckungsbehörde der früheren Sache will widerrufen. Kommt eine Einigung der beiden Vollstreckungsbehörden nicht zustande, so stellt die Vollstreckungsbehörde der neuen Sache ihr Verz. A auf und übersendet dieses mit den Akten der der alten Sache. Diese berichtet unter Beifügung des Verz. A der alten und neuen Sache und aller Akten an ihren O.-St.-A. Dieser kann, sofern er der Höhe der Strafzeit nach zuständig ist, entscheiden, wenn nur die Ansichten zweier E. St.-A. seines Bezirks auseinandergehen. Handelt es sich nur um Meinungsverschiedenheiten der E. St.-A. von verschiedenen OLG.-Bezirken, so können die beteiligten O.-St.-A. entscheiden, wenn sie sich einigen. In allen andern Fällen ist die Entscheidung des J.-M. einzuholen.

II. In der neuen Sache soll Strafvollstreckung erfolgen:

Die Vollstreckungsbehörde der neuen Sache übersendet ihre Akten der der früheren Sache mit der Nachricht, daß sie die neue Strafe vollstrecken will.

1. Die Vollstreckungsbehörde der früheren Sache ist einverstanden. Sie widerruft die Strafaussetzung in ihrer Sache, wenn sie dafür zuständig ist, oder beantragt den Widerruf unter Bei-Beifügung ihres Verz. A bei der zuständigen Stelle. Ist der Widerruf gewährt, so wird die Vollstreckungsbehörde der neuen Sache davon be-

Behörde behufs gleichmäßiger Behandlung in Verbindung zu setzen.[49])

Soweit in Fällen dieser Art eine höhere Entscheidung erforderlich wird, ist stets die Entscheidung des Justizministers einzuholen, wenn es sich um Strafsachen aus verschiedenen Oberlandesgerichtsbezirken handelt und zwischen den Oberstaatsanwälten eine Meinungsverschiedenheit besteht.

Zuständigkeit bei mehreren Verurteilten. Strafaussetzung und Rechtsmittel.

§ 15. Ist bei mehreren Mitverurteilten die Zuständigkeit des Ersten Staatsanwalts und des Oberstaatsanwalts für die Bewilligung der bedingten Strafaussetzung nur bezüglich eines Teiles der Verurteilten begründet, so ist die Entscheidung des Justizministers bezüglich aller Verurteilten einzuholen. Auch in diesem Falle wird es der Einstellung der Verurteilten in getrennte Verzeichnisse in der Regel nicht bedürfen. (§ 4 Abs. 1).

Die Entschließung, ob bezüglich einer rechtskräftig verurteilten Person Strafvollstreckung oder bedingte Strafaussetzung in Aussicht zu nehmen ist, darf in der Regel nicht dadurch verzögert werden, daß seitens eines Mitverurteilten ein Rechtsmittel gegen das Urteil eingelegt ist.[50]) Das Abwarten der Entscheidung des höheren Gerichts ist in solchen Fällen nur dann gerechtfertigt, wenn besondere Gründe dafür sprechen, z. B. nach Lage des Falles die Möglichkeit einer gemäß

---

nachrichtigt und die beiden Strafen werden im Anschlusse aneinander vollstreckt.

2. Die Vollstreckungsbehörde der früheren Sache will es bei der Aussetzung belassen. Sie teilt dies unter Übersendung ihres Verz. A und der Akten und unter Darlegung ihrer Gründe der Vollstreckungsbehörde der neuen Sache mit. Dann hat diese zu berichten und das unter I 2 dieser Anm. Gesagte gilt entsprechend.

[49]) Hier handelt es sich um mehrere Strafsachen, in deren keiner bisher Aussetzung gewährt ist. In Verbindung zu treten ist wegen gleichmäßiger Entscheidung der Frage, ob Strafaussetzung gewährt werden soll und wie lange. Kommt keine Einigung zustande, so hat auch hier die Behörde, welche vollstrecken will, die höhere Entscheidung einzuholen.

[50]) Ebensowenig darf aber die Einreichung der Akten an das höhere Gericht verzögert werden. Besonders wenn der Angeklagte, welcher ein Rechtsmittel eingelegt hat, sich in Haft befindet, wird die Erledigung des Rechtsmittels dem Strafaussetzungsverfahren, wenn durch dieses eine Verzögerung eintreten würde, unbedingt vorgehen müssen.

§ 397 StPO. ergehenden Entscheidung des Revisionsgerichts besteht.

2. Aufstellung des Verzeichnisses A.

§ 16. Für die Erwirkung der Strafaussetzung sind die Spalten 1—5 des Vordrucks bestimmt (Verzeichnis A). Ist der Erste Staatsanwalt Strafvollstreckungsbehörde und gewährt er selbst Strafaussetzung, so wird Sp. 4 nicht ausgefüllt.

Die Spalten des Verz. A.

§ 17. Im einzelnen ist folgendes zu beachten:

1. In Sp. 1 sind unter c[51]) nur solche wegen Verbrechens oder Vergehens verhängte Freiheitsstrafen, welche vor Begehung der in Sp. 2 bezeichneten Straftat bereits **verbüßt**[52]) waren, aufzunehmen. Die Aufnahme dient nur statistischen Zwecken.

2. In Sp. 2 gibt die Strafvollstreckungsbehörde unter c[53]) eine kurze Darstellung der Straftat mit ihren wesentlichsten Tatumständen sowie die Bezeichnung des angewendeten Strafgesetzes. Es kommt lediglich darauf an, die für die Entscheidung notwendigen Tatsachen[54]) in knapper und zweckmäßiger Form darzulegen. Kürze bedingt nicht Unvollständigkeit. Statt eigener Sachdarstellung ganze Auszüge aus dem Strafurteile zu bieten, ist verfehlt.

Auch in den Fällen, in denen der Erste Staatsanwalt Strafvollstreckungsbehörde und zugleich zur Gewährung der Strafaussetzung zuständig ist, kann mit Rücksicht auf das spätere Begnadigungsverfahren (Verzeichnis B) von der Darstellung der Straftat nicht abgesehen werden.

3. In Sp. 3 hat die Strafvollstreckungsbehörde unter b ihre Stellungnahme zur bedingten Strafaussetzung unter Berücksichtigung aller wesentlichen Umstände kurz, wenn dagegen

---

[51]) Unter a ist der Name, der Stand und der tatsächliche Wohnort (die Adresse) zurzeit der Aufstellung des Verzeichnisses anzugeben.

[52]) Nur verbüßte, nicht erlassene Strafen sind anzugeben. Andere Vorstrafen sind, soweit zur Beleuchtung der Sachlage nötig, in Spalte 3 unter b zu erwähnen.

[53]) Unter a ist das erkennende Gericht anzuführen. Das Schöffengerichtsurteil ist anzugeben, wenn die Berufung von der Strafkammer verworfen ist. Das Strafkammerurteil, wenn das erste Erkenntnis aufgehoben oder das gesamte Strafmaß neu bestimmt ist; bei teilweiser Abänderung sind beide Urteile anzuführen.

[54]) Namen und Daten werden daher regelmäßig fortbleiben können.

einer der Fälle der §§ 11, 12 vorliegt, eingehender zu begründen.[55]) Es ist in gedrängter Form darzulegen, inwiefern nach der Beschaffenheit der Tat sowie nach den Lebensverhältnissen und etwaigen Vorstrafen[56]) des Täters die Gewährung von Strafaussetzung sich empfiehlt oder nicht empfiehlt. Soweit die Strafvollstreckungsbehörde mit der Stellungnahme des Gerichts (unter a) übereinstimmt, bedarf es einer besonderen Äußerung nicht.[57]) Handelt es sich um Aussetzung der an Stelle einer Geldstrafe tretenden Freiheitsstrafe, so ist anzugeben, daß die Geldstrafe nicht beizutreiben gewesen und daß der Verurteilte auch bei gutem Willen zu ihrer Abtragung selbst in Teilzahlungen nicht imstande ist.

Dauer der Bewährungsfrist und Verjährung.

4. Die Bewährungsfrist ist in der Regel[58]) auf zwei, in schwereren Fällen sowie bei einem Verurteilten, der sich voraussichtlich noch länger in Fürsorgeerziehung oder aus anderer Veranlassung in einer Erziehungs- oder Besserungsanstalt befindet, auf drei Jahre vom Schlusse des Monats zu bemessen, in dem die Strafvollstreckungsbehörde die ihr obliegenden Eintragungen gemacht hat. In Fällen nahe bevorstehender Verjährung[59]) ist die Frist so zu bemessen, daß

---

[55]) Es sind nicht allgemeine Redensarten, sondern spezielle dem vorliegenden Falle eigentümliche Angaben zu machen.

[56]) Vorstrafen aller Art, nicht nur die in Spalte 1 unter c anzuführenden sind zu berücksichtigen.

[57]) Unter b ist dann etwa zu schreiben: „Vorstehender Äußerung wird beigetreten.“ Dies ist unter Zeitangabe zu unterschreiben. Wenn unter b gar nichts hingeschrieben wird, wie dies manche Amtsgerichte tun, wenn der Schöffen- und Vollstreckungsrichter dieselbe Person ist, so weiß die Stelle, welche über die Strafaussetzung zu befinden hat, nicht, ob vom Standpunkte der Vollstreckungsbehörde aus überhaupt eine Prüfung erfolgt ist.

[58]) Abweichung erscheint außer mit Rücksicht auf die Verjährung auch zulässig, um die Bewährungsfrist mit der in anderer Sache bestehenden in Einklang zu bringen. Vgl. Anm. 48 I 1.

[59]) Ob die Verjährung während des Laufes der Bewährungsfrist unterbrochen werden kann, ist mindestens zweifelhaft. Die Verjährung beginnt mit dem Tage der Rechtskraft des Urteils, bei durch Beschluß gebildeten Gesamtstrafen hinsichtlich jeder Einzelstrafe mit der Rechtskraft des sie erkennenden Urteils. Die nach der Rechtskraft des Urteils zum Zwecke der Strafaussetzung eingeholten Erkundigungen unterbrechen die Verjährung nicht. Anfragen nach der Führung des Verurteilten wäh-

sie mindestens drei Monate vor dem Eintritte der Verjährung abläuft.[60]) Das Ende der Verjährungsfrist ist anzugeben.

Als Endpunkt der Frist ist der letzte Tag eines Monats zu wählen. Ist dem Verurteilten bereits in einer anderen Sache Strafaussetzung bewilligt, so ist dies zu vermerken und das Ende der Verjährungsfrist auch in dieser Sache anzugeben. Das die andere Sache betreffende Verzeichnis A ist, wenn höhere Entscheidung eingeholt wird,[61]) beizufügen.[62])

Verzögerte Aufnahme ins Verzeichnis A.

Wird ein Verurteilter nicht binnen drei Monaten seit Rechtskraft des Urteils ihm gegenüber in das Verzeichnis aufgenommen, so ist der Grund der Verzögerung, wenn der Erste Staatsanwalt zur Gewährung der Strafaussetzung zuständig ist, dem Oberstaatsanwalt zu berichten, andernfalls bei Einholung der höheren Entscheidung in Sp. 4 des Verzeichnisses anzugeben.[63])

Kennzeichnung von Haftsachen.

5. Alle Verzeichnisse, die einen bei Einreichung des Verzeichnisses in Haft befindlichen Verurteilten betreffen, sind auf

---

rend des Laufes der Bewährungsfrist, die darauf gerichtet sind, im Falle ungünstiger Auskunft den Widerruf der Strafaussetzung oder die Vollstreckung nach Ablauf der Bewährungsfrist herbeizuführen, könnten vielleicht als auf Vollstreckung gerichtet und darum die Verjährung unterbrechend angesehen werden. Immerhin ist dies nicht unbedenklich und es ist sicherer, zum Zwecke der Verjährungsunterbrechung Nachforschungen, ob die Strafvollstreckung angezeigt ist, nach dem Ablaufe der Bewährungsfrist anzustellen.

Ein Strafvollstreckungsersuchen ohne ernstliche Ladung zum Strafantritte ist nicht geeignet, die Verjährung zu unterbrechen.

[60]) Ist gegen denselben Verurteilten auf Gefängnisstrafe und auf Haft oder Geldstrafe bis 150 Mk. erkannt, so sind zwei Fristen zu bestimmen.

[61]) Die Amtsgerichte werden den früheren Bogen immer beifügen müssen

[62]) Die Beifügung ist in Sp. 4 zu erwähnen und der beigefügte Bogen auf der Vorderseite des neuen als Anlage zu vermerken.

[63]) Zweckmäßig wird der Grund der Verzögerung immer in den Verzeichnissen erwähnt und wird der Bericht an den O.-St.-A. in der Weise erstattet, daß der E. St.-A., nachdem er die Eintragungen in die Bogen des von ihm zu erledigenden Gesamtverzeichnisses bewirkt hat, diejenigen Bogen, in denen eine Verzögerung vorgekommen ist, zusammen dem O.-St.-A. einreicht mit dem Berichte, daß in den anliegenden Bogen Nr. . . . . . des Gesamtverzeichnisses für Monat . . . . . aus den in den einzelnen Bogen angegebenen Gründen sich die Eintragung der Verurteilten in das Verz. A verzögert hat.

der ersten Seite mit der Aufschrift „Haftsache" zu versehen (mit Farbstift zu unterstreichen).

3. Verfahren bei Gewährung der Strafaussetzung oder beim Berichte.[64]
Gesamtverzeichnisse A.

§ 18. Die im Laufe eines jeden Monats aufgestellten Verzeichnisse A werden von den Amtsgerichten gesammelt und nach Ausfüllung der Monats- und Jahresbezeichnung[65] der ersten Seite jedes Verzeichnisses bis zum 5. Tage des nächsten Monats ohne Anschreiben dem Ersten Staatsanwalt eingereicht. Bei diesem werden sie zusammen mit den von ihm selbst aufgestellten Verzeichnissen zu Gesamtverzeichnissen vereinigt, indem sie lose in Umschlägen nach dem anliegenden Muster gesammelt werden. Auf dem Umschlage sind unter fortlaufenden Nummern die Namen der Verurteilten[66] zu vermerken. Diese Nummern und, soweit nicht bereits durch die Amtsgerichte geschehen, die Monats- und Jahresbezeichnung sind auch auf der ersten Seite jedes

---

[64]) Ist der Verurteilte in das Verz. A eingetragen, so wird das AG. dazu in den Akten etwa verfügen:

1. Der N. N. ist gemäß Anlage i. d. Verz. A für .... aufgenommen.
2. Verzeichnis zur Sammlung.
3. Nach 2 Monaten (oder 4 Monaten, wenn der E. St.-A. nicht zuständig ist).

Bei der St.-A. wird zu dem Verz. etwa verfügt:

1. Der N. N. ist gemäß Anlage i. d. Verz. A für ..... aufgenommen.
2. Der Bogen geht zu dem Gesamtverz., das hier zu erledigen ist.
3. Die Entscheidung und die Nummer des Bogens sind in den Akten zu vermerken.
4. Wieder vorlegen. (Wegen Nachrichten.)
5. H. E. St.-A.

oder aber:

1. Wie oben.
2. Der Bogen geht zu dem weiter zu reichenden Gesamtverz.
3. 3 Monate.
4. H. E. St.-A.

Ist der E. St.-A. für die Gewährung der Strafaussetzung zuständig, so kann alsbald auch in Sp. 5 die Entscheidung getroffen werden.

[65]) Die Nr. des Einzelverzeichnisses ist beim AG. nicht auszufüllen. Die Bogen erhalten die Nummern, unter denen die Verurteilten im Gesamtverzeichnisse des E. St.-A. aufgeführt sind. Die Nummern können also erst beim E. St.-A. eingetragen werden.

[66]) Jeder Verurteilte erhält eine Nummer, auch wenn mehrere Verurteilte in einem Bogen stehen. Der Bogen erhält dann mehrere Nummern z. B. 14, 15, 16.

Einzelverzeichnisses anzugeben. Die Umschläge sind vom Ersten Staatsanwalt mit Zeitangabe zu unterzeichnen.

Die Gesamtverzeichnisse sind getrennt anzulegen [67]) nach den Fällen, für deren Erledigung der Erste Staatsanwalt zuständig ist, und nach denen, für die er die höhere Entscheidung einzuholen hat. Das erstere Gesamtverzeichnis erledigt der Erste Staatsanwalt, indem er alsbald seine Verfügungen in die Sp. 4 des Umschlags sowie in die Verzeichnisse selbst einträgt; die von den Amtsgerichten eingereichten Verzeichnisse sendet er an diese zurück. [68]) [69]) Das andere Gesamtverzeichnis reicht er unter Zurückbehaltung einer Abschrift des Umschlags bis zum 15. Tage des Monats dem Oberstaatsanwalt ein. (§ 4 Abs. 2).

Soweit der Oberstaatsanwalt einzelne Fälle gemäß seiner Zuständigkeit selbst entscheidet oder eine Rückfrage oder weitere Ermittelungen für erforderlich hält, sendet er die Verzeichnisse mit entsprechender Verfügung in Sp. 5 oder in Sp. 4 zurück [70]) und vermerkt dies auf dem Umschlage. Die übrigen Verzeichnisse reicht er mit dem Umschlag in der zweiten Hälfte des Monats an den Justizminister weiter. (§ 4 Abs. 2).

Vermerk der Entscheidungen. Aufbewahrung der Verzeichnisse.

§ 19. Die Verfügungen des Ersten Staatsanwalts oder die höheren Entscheidungen werden von den Strafvollstreckungsbehörden in den Akten vermerkt und den Gerichten, die sich über die Strafaussetzung geäußert haben, bekanntgemacht. [71])

---

67) Beim Eingang der amtsger. Verzeichnisse ist also zunächst zu prüfen, zu welchem Gesamtverzeichnisse sie zu nehmen sind.

68) Durch den Amtsanwalt, der eventuell die Militärbehörden zu benachrichtigen hat. Siehe § 20 und Anm. 70 dazu.

69) Hinsichtlich der aus Akten der St.-A. stammenden Verzeichnisse wird Nachricht über die getroffene Entscheidung zu den Akten gegeben und die Akten werden den Dezernenten zur weiteren Veranlassung vorgelegt.

70) Die auf diese Weise zurückgesandten Verzeichnisse müssen dann nach Erledigung des Auftrages des O.-St.-A. zu dem Gesamtverz. für den nächsten Monat genommen werden. Handelt es sich um eine voraussichtlich schnell zu erledigende Rückfrage, so wird der O.-St.-A. verfügen können, daß ihm das Verz. noch im laufenden Monat zurückzureichen ist, wenn es bis zum . . . . . geschehen kann.

71) Durch Übersendung der Akten. Zur Vermeidung von Schreibwerk und Aktenversendung hätte die Bekanntgabe vielleicht auf die Fälle beschränkt werden können, wo Meinungsverschiedenheiten bestanden oder die Entscheidung von der Stellungnahme des Gerichts abweicht.

Die Verzeichnisse selbst sind vorläufig nicht zu den Akten zu bringen, sondern von den Strafvollstreckungsbehörden gesondert aufzubewahren. Die vom Oberstaatsanwalt oder vom Justizminister getroffenen Entscheidungen sind, gegebenenfalls unter Angabe auch des Endpunkts der Bewährungsfrist, in der Sp. 4 der vom Ersten Staatsanwalt zurückbehaltenen Abschrift des Umschlags (§ 18 Abs. 2) zu vermerken.

Benachrichtigung der Militärbehörde.

§ 20. Wegen Benachrichtigung der Militärbehörden durch die Beamten der Staatsanwaltschaft behält es bei den Vorschriften unter 10, 11 der Allgemeinen Verfügung vom 29. April 1907 (JMBl. S. 359) sein Bewenden.[72])

4. Maßnahmen nach Bewilligung der Strafaussetzung.

Eröffnung der Strafaussetzung.

§ 21. Die Strafvollstreckungsbehörde hat dem Verurteilten von der Bewilligung der Strafaussetzung und der Dauer der Bewährungsfrist Nachricht[73]) zu geben. Gleichzeitig ist ihm bei Gefahr des Verlustes der gewährten Ver-

[72]) Ziff. 10: Wenn ein zum Militärdienste noch nicht herangezogener Angesch. das militärpflichtige Alter (d. i. der 1. Januar des Jahres, in dem er das 20. Jahr vollendet) bereits erreicht hat oder im Laufe der Untersuchung voraussichtlich erreichen wird, so ist, falls diese ein Verbrechen oder Vergehen zum Gegenstand hat, dem Zivilvorsitz. der Ersatzkommission des Aushebungsbezirks, in dem der Angesch. gestellungspflichtig ist, von der Erhebung der öff. Klage, von dem Ausfalle der Untersuchung sowie von der Strafvollstreckung, einer auf Grund des Allerh. Erl. v. 23. Okt. 1895 erteilten Strafaussetzung oder dem Erlasse der Strafe Mitteilung zu machen; der Mitteilung über die Strafaussetzung bedarf es auch dann, wenn die Vollendung des militärpflichtigen Alters in die dem Verurteilten bewilligte Frist fällt.

Dem Amtsanwalte wird die die Strafaussetzung bewilligende Entscheidung durch den übergeordneten E. St.-A. zur Bewirkung der Mitteilung und zur Weitergabe an das Amtsgericht zugesandt. Die Weitergabe erfolgt innerhalb einer Woche.

Nach Ziff. 11 ist von der einer Person des Beurlaubtenstandes oder einem Offizier a. D. gewährten Strafaussetzung dem Bezirkskommando, in dessen Kontrolle der Verurteilte steht bzw. in dessen Bezirke der Offizier a. D. wohnt, Mitteilung zu machen.

[73]) Nach Bewilligung der Strafaussetzung ist etwa zu verfügen:

1. Nachr. an den Verurteilten gemäß anlieg. Entwurfe in Reinschrift.
2. Ersuchen an die Polizeibehörde um Eröffnung der Strafaussetzung an den Verurteilten und den gesetzl. Vertreter.

(Statt 1 und 2 sind der Verurteilte und der gesetzl. Vertreter vor-

günstigung die Verpflichtung aufzuerlegen, jeden Wechsel des Wohnortes während der Bewährungsfrist anzuzeigen. In geeigneten Fällen ist er darauf hinzuweisen, daß es für die Frage demnächstiger Begnadigung von Bedeutung sein werde, ob er den durch seine Straftat verursachten Schaden während der Bewährungsfrist nach Kräften wieder gutgemacht habe.

Jugendlichen Verurteilten sind diese Nachrichten unter geeigneter Belehrung und Ermahnung von der Strafvollstreckungsbehörde tunlichst mündlich zu eröffnen.[74]) Es empfiehlt sich, hierzu regelmäßig auch den gesetzlichen Vertreter des jugendlichen Verurteilten mit vorzuladen.

Benachrichtigung des Strafregisters (Gelbzettel).

§ 22. Die Strafvollstreckungsbehörde hat von der Bewilligung der Strafaussetzung unverzüglich der

---

zuladen, wenn die Strafvollstreckungsbehörde die Eröffnung selbst bewirken will. Siehe Anm. 74.)

3. Gelbzettel zum Strafregister.
4. Nachricht von der Strafaussetzung
   a) dem Landeshauptmann (bei Fürsorgezöglingen),
   b) dem Vormundschaftsrichter (wenn dieser irgendwelche Maßnahmen getroffen hat),
   c) der Jugendzentrale,
   d) dem Geistlichen } (wenn sie von der Anklage und dem
   e) dem Schulvorstande } Urteil Nachricht erhalten haben),
   f) der Militärbehörde (vgl. Anm. 72).
5. Zur C-Nachweisung. (Diese dient statistischer Feststellung der gewährten Strafaussetzungen usw. Formular im JMBl. 1917 S. 169. Sie ist aufzustellen bei Bewilligung von Strafaussetzung, Verlängerung, Ablehnung derselben, Begnadigung nach Eintragung in Liste B, Widerruf, Erledigung der Strafaussetzung durch Tod, Flucht oder auf andere Weise).
6. Wiedervorlegen am . . . . . (drei Monate vor Ablauf der Bewährungsfrist).
7. Mit Akten dem Gericht zur Kenntnisnahme von der Entscheidung.

[74]) Mündliche Eröffnung durch die Vollstreckungsbehörde wird aber nur am Platze sein, wenn der Verurteilte am Sitze derselben oder in dessen nächster Umgebung wohnt.

Über die Eröffnung ist ein kurzes Protokoll aufzunehmen. Es empfiehlt sich, außerdem eine schriftliche Benachrichtigung über die Strafaussetzung und die ihm obliegenden Pflichten dem Verurteilten auszuhändigen.

In Breslau soll auf Anregung eines Jugendrichters in Zukunft die Eröffnung auch in Landgerichtssachen durch die Jugendrichter erfolgen, wenn dem Verurteilten eine Schutzaufsicht bestellt ist. In dem Termine soll der Verurteilte zugleich mit der Schutzaufsichtsperson bekannt gemacht und über deren Aufgabe und sein Verhalten gegenüber derselben belehrt werden.

Strafregisterbehörde Mitteilung zu machen. Hierzu ist ein Vordruck in gelber Farbe nach dem anliegenden Muster zu benutzen. Für Größe und Format ist der für Strafnachrichten bestimmte Vordruck A maßgebend. In bezug auf Ausfertigung, Behandlung und Verwahrung der Strafaussetzungsnachrichten finden die Vorschriften der Allgemeinen Verfügung vom 7. Sept. 1896 (JMBl. S. 294)[75]) unter Ziff. 8—12 entsprechende Anwendung. Die Strafaussetzungsnachrichten sind, wenn sie sich auf eine im Strafregister zu vermerkende Verurteilung beziehen, zu statistischen Zwecken bis zum Ablaufe der auf das Jahr dieser Verurteilung folgenden fünf Kalenderjahre (vgl. Rundverfügung vom 20. Juli 1903 — I. 1737 —), sonst aber so lange aufzubewahren, als die für die Strafaussetzung bewilligte Frist läuft. Geht während dieser Frist eine Strafnachricht, eine Steckbriefnachricht, ein Ersuchen um Auskunfterteilung über Vorstrafen oder eine andere Mitteilung ein, die auf eine anhängige Untersuchung schließen läßt, so hat die Registerbehörde der Strafvollstreckungsbehörde, welche die Strafaussetzungsnachricht eingesandt hat, hiervon sogleich Mitteilung zu machen, auch der Behörde, von der jene Mitteilung ausging, über die Sachlage kurze Nachricht zu geben. Geht innerhalb der durch die Rundverfügung vom 20. Juli 1903 bestimmten Frist von fünf Kalenderjahren eine Strafnachricht A ein, so ist hiervon derjenigen Strafvollstreckungsbehörde, welche die Strafaussetzungsnachricht eingesandt hatte, auch nach Ablauf der Bewährungsfrist Mitteilung zu machen.[76]) Nach Ablauf der bezeichneten Fristen ist die Strafaussetzungsnachricht zu vernichten.

Widerruf und Verlängerung der Bewährungsfrist.

§ 23. Eine besondere amtliche Überwachung des Verurteilten während der Bewährungsfrist findet nicht statt. Werden Umstände bekannt, die nach dem Ermessen der Strafvollstreckungsbehörde den Widerruf der gewährten Vergünstigung angezeigt erscheinen lassen, so hat die Strafvollstreckungsbehörde unverzüglich unter Beifügung des Verzeichnisses A, in dem die Strafaussetzung bewilligt ist, die Zurücknahme der Strafaussetzung zu

---

[75]) Diese Verf. ist durch Ziff. 38 der Verf. vom 7. Juli 1913 (JMBl. S. 273) aufgehoben. Es gilt jetzt die Ausführungs-Verf. vom 7. Juli 1913 (JMBl. S. 267 ff.).

[76]) Diese hat auch nach Ablauf der Bewährungsfrist den Verurteilten in die Rückfälligenliste einzutragen.

verfügen oder anzuregen.[77] Der Erste Staatsanwalt hat in jedem Falle die höhere Entscheidung einzuholen, wenn er von der Ansicht des Strafvollstreckungsrichters abweicht;[78] bezüglich des Oberstaatsanwaltes findet in diesen Fällen die Bestimmung des § 11 Abs. 2 entsprechende Anwendung.[79]

Ist der Verurteilte Beamter oder Person des Soldatenstandes oder befindet er sich in Fürsorgeerziehung oder aus anderer Veranlassung[80] in einer Erziehungs- oder Besserungsanstalt, so finden die Bestimmungen der §§ 9, 11, 12 entsprechende Anwendung. *War* jedoch in Fällen der letztbezeichneten Art die *Strafaussetzung* von vornherein *an die Bedingung geknüpft, daß* der Verurteilte aus der Fürsorge- oder sonstigen Anstaltserziehung *nicht entweiche*, so kann, wenn die *Bedingung nicht erfüllt* wird, die *Strafvollstreckung ohne weiteres eingeleitet* werden. Bei einem Wehrpflichtigen ist festzustellen, ob er sich im aktiven Dienste befindet; Widerruf ist nur in den unbedingt notwendigen Fällen auszusprechen oder vorzuschlagen.*)

---

77) Ein **Widerrufsbericht** wird etwa lauten:

Der Kutscher N. N., geboren am .... zu .... als Sohn ...., evgl., bis dahin nicht vorbestraft, ist von .... in .... wegen .... zu .... verurteilt worden. Die Vollstreckung dieser Strafe ist gemäß dem anliegenden Verzeichnisse A Nr. ... für Monat .... 19 .. bis zum .... ausgesetzt worden.

Der Verurteilte zeigt sich hartnäckig arbeitsscheu. Die Ermahnungen des Vormundes und des Vormundschaftsrichters fruchten nichts. Der Verurteilte treibt sich in schlechter Gesellschaft umher und hat auch eine neue strafbare Handlung begangen. Er hat nämlich.... Er ist geständig. Es ist gegen ihn bereits Anklage erhoben und das Hauptverfahren vor .... eröffnet worden. Seine Verurteilung ist mit Sicherheit zu erwarten. Es erscheint ausgeschlossen, daß das erkennende Gericht ihn zur Strafaussetzung empfehlen würde, weil er z. Zt. der neuen Straftat bereits das 18. Lebensjahr vollendet hatte und er die frühere Verurteilung sich nicht hat zur Warnung dienen lassen. Hiernach halte ich den Verurteilten der ihm gewährten Vergünstigung der Strafaussetzung für unwürdig und bitte,

die durch Verf. vom .... erteilte Genehmigung zur Aussetzung der Strafvollstreckung gegen N. N. in den Akten .... zu widerrufen.

78) Die Akten sind beizufügen.

79) Der O.-St.-A. kann entscheiden, wenn er die Ansicht des ihm unterstellten E. St.-A. nicht teilt und im übrigen Einverständnis besteht.

80) Z. B. auf Grund des § 56 StGB., nicht wenn er privatim in einer solchen untergebracht ist.

*) (Anm. des amtlichen Textes): Für die Kriegsdauer behält es in diesen Fällen bei den Bestimmungen der Allg. Verf. vom 27. Januar 1916 und 1917 (JMBl. 1916 S. 16, 1917 S. 42) unter Ziff. II sein Bewenden

Die Strafvollstreckungsbehörde kann auch in geeigneten Fällen statt des Widerrufs eine Verlängerung der Bewährungsfrist[81]) bestimmen oder vorschlagen, letzteres in der Regel durch Wiedereinreichung des Verzeichnisses A mit Nachträgen in Sp. 3 und 4.[82])

Erfährt die Strafvollstreckungsbehörde, daß gegen den Verurteilten ein neues Ermittelungsverfahren eingeleitet ist,[83]) so hat sie den Gang dieses Verfahrens dauernd zu verfolgen[84]) und, sobald sie die Schuld des Verurteilten als erwiesen und danach Widerruf für geboten erachtet, das Weitere zu veranlassen.[85]) Von dem Widerrufe oder einem Antrag auf Widerruf ist die Behörde, bei der das neue Verfahren schwebt, unverzüglich zu benachrichtigen. Ist in dem neuen Verfahren Verurteilung erfolgt,[86]) so haben sich die beiden Strafvollstreckungsbehörden behufs gleichmäßiger Behandlung in Verbindung zu setzen (vgl. § 14). Im Falle des Widerrufs ist stets nach Möglichkeit darauf hinzuwirken, daß die in Betracht kommenden Strafen im unmittelbaren Anschluß aneinander vollstreckt werden.

B. Begnadigungsverfahren.

1. Prüfung der Führung des Verurteilten.

Erkundigung wegen Verzeichnis B.

§ 24. Gegen Ablauf der Bewährungsfrist[87]) zieht die Strafvollstreckungsbehörde in schonender Weise[88])

---

[81]) Sie muß aber drei Monate vor dem Eintritte der Verjährung enden. Nötigenfalls ist die Verjährung nach Ablauf der zunächst bestimmten Verjährungsfrist zu unterbrechen.

[82]) Zweckmäßig wird unter die bisherige Eintragung ein wagerechter Strich gemacht und die neue Eintragung darunter geschrieben.

[83]) Sie erfährt dies in der Regel durch die Mitteilung der Registerbehörde gemäß § 22.

[84]) Zunächst wird eine Frist von etwa 1 Monat verfügt — wenn die neue Sache eine Haftsache ist, eine kürzere — und dann werden die neuen Akten eingefordert.

[85]) Widerruf herbeiführen. Ist die Schuld zweifelhaft oder erscheint es möglich, daß sich auch in der neuen Sache das Gericht für Strafaussetzung aussprechen wird, so ist das Urteil abzuwarten.

[86]) Eintragung in die Rückfälligenliste ist nicht zu übersehen!

[87]) Zweckmäßig wird drei Monate vorher damit begonnen.

[88]) Wegen möglichster Vermeidung der Befragung des gegenw. Arbeitgebers s. Anm. 13.

Erkundigungen nach der Führung des Verurteilten in der Zwischenzeit ein. Soweit den Auskunftspersonen der Zusammenhang der Anfrage mit einer früheren Bestrafung bekanntgegeben werden muß, ist bemerklich zu machen, daß es sich um die Frage des Erlasses der Strafe auf Grund guter Führung handelt; es ist zu verhüten, daß die Nachfrage unter dem Gesichtspunkt einer kriminalpolizeilichen Ermittelung aufgefaßt wird. Befindet sich der Verurteilte im aktiven Dienst oder hat er während der Bewährungsfrist seiner aktiven Dienstpflicht genügt, so ist das Kommando des Truppen(Marine-)teils über die Führung während der aktiven Dienstpflicht zu hören.[89])

Die Ermittelungen sind so frühzeitig und schleunig zu bewirken, daß der Verurteilte im Laufe des Monats, mit dem die Bewährungsfrist endet, in das Gesamtverzeichnis B (§ 31) aufgenommen werden kann. Ist das nicht möglich, so ist er in das nächste Gesamtverzeichnis aufzunehmen und der Grund der Verzögerung in Sp. 6 des Verzeichnisses B anzugeben.

2. Aufstellung des Verzeichnisses B.[90])

§ 25. Ergeben die Ermittelungen, daß der Verurteilte sich gut geführt hat, und stellen sich sonst keine Bedenken heraus, so hat die Strafvollstreckungsbehörde für den Verurteilten in Sp. 6 des Vordrucks einen Gnadenerweis zu beantragen.[91]) Reinschriften sind nur im Bedarfsfall anzufertigen (vgl. § 4 Abs. 3); etwaige Abschriften der Sp. 1—5 sind zu beglaubigen.[92])

---

[89]) Bei Fürsorge- und Anstaltszöglingen ist der Vorstand des zur Fürsorgeerziehung verpflichteten Kommunalverbandes bzw. die Anstaltsleitung anzufragen.

[90]) Kriegsteilnehmer, denen ihre Strafen durch einen der Allerh. Amnestie-Erlasse für diese, wenn auch zunächst nur bedingt, erlassen sind, werden nicht in das Verzeichnis B aufgenommen. (Allg. Verf. vom 27. Januar 1916 zum Abschnitt II Ziffer 4, JMBl. S. 13). Erlangt der Verurteilte die Eigenschaft als Kriegsteilnehmer und ruht die Strafvollstreckung demgemäß, ehe er in das Verz. A aufgenommen wird, so unterbleibt auch dessen Aufstellung.

[91]) Die Eintragung ist gemäß § 4 Satz 1 unter Zeitangabe zu unterzeichnen. — Etwa bei den Akten befindliche zu dem Verz. B gehörige Gnadengesuche sind diesem beizufügen.

[92]) Sind in ein Einzelverz. A mehrere Verurteilte eingetragen und soll gleichzeitig für den einen an höherer Stelle Verlängerung der Bewährungsfrist, für andere Erlaß der Strafe beantragt werden, so muß für das Verz. B eine begl. Abschrift der Sp. 1—5 gefertigt

Erscheint eine Verlängerung der Bewährungsfrist angezeigt, so findet § 23 Abs. 3 Anwendung.

Begriff der guten Führung.

§ 26. Zum Nachweis einer guten Führung ist nicht genügend, daß über den Verurteilten nichts Nachteiliges bekannt geworden ist, sondern es bedarf der tatsächlichen Feststellung eines zufriedenstellenden Gesamtverhaltens. Insbesondere ist zu prüfen, ob der Verurteilte den bei Erwirkung der Strafaussetzung in ihn gesetzten besonderen Erwartungen (Leistung von Schadensersatz, Enthaltung von geistigen Getränken usw.) entsprochen hat. Eine weitere Bestrafung schließt die Annahme einer guten Führung nicht notwendig aus.

§ 27. Wegen Verletzung der Pflicht zur Anzeige eines neuen Wohnorts ist von Stellung eines Gnadenantrages nur dann abzusehen, wenn die Unterlassung auf ein schuldhaftes Verhalten hinweist, das den Verurteilten eines Gnadenerweises unwürdig macht.[93])

Inhalt des Gnadenantrages.

§ 28. Bei Aufnahme in das Verzeichnis B ist ein bestimmter Gnadenantrag zu stellen, und zwar in der Regel der auf völligen Erlaß der Strafe. Ausnahmsweise kann der Erlaß nur eines Teiles der Strafe oder die Umwandlung in eine Geldstrafe angezeigt erscheinen.[94]) Eine solche Einschränkung des Antrages ist besonders zu begründen.

§ 29. War einem Verurteilten in mehreren Strafsachen bedingte Strafaussetzung bewilligt, so ist auf eine gleichmäßige Behandlung der Fälle hinzuwirken.[95])

---

werden, während die Urschrift mit Nachträgen in Sp. 3 und 4 als neues Verz. A einzureichen ist.

War die Strafaussetzung durch besondere Verf. des Justizministers angeordnet, so ist nachträglich ein Verz. A gemäß § 4 letzter Absatz aufzustellen.

[93]) Der Wohnungswechsel wird fast von keinem Verurteilten oder doch nur in der allerersten Zeit der Strafaussetzung angezeigt. Böswilliges Unterlassen liegt aber selten vor.

[94]) Nicht in Haftstrafe oder in Verweis. Löschung der Strafe im Strafregister ist nicht zu beantragen.

[95]) Es ist in Sp. 6 zu erwähnen, daß in den andern Sachen ein gleichartiger Gnadenerweis beantragt wird.

Einigen sich die beteiligten Strafvollstreckungsbehörden nicht, so hat diejenige, welche einen Gnadenerweis beantragen will, dem Verzeichnisse B die sämtlichen Strafakten beizufügen. Die Einleitung der Strafvollstreckung ist in allen Sachen bis auf weiteres zu unterlassen.

§ 30. Fälle, in denen das Begnadigungsrecht durch die Allerhöchsten Erlasse vom 19. Dez. 1866 und vom 16. Febr. 1867 (JMBl. 1867 S. 6, 67)[96]) dem Justizminister übertragen ist, sind zu besonderen Gesamtverzeichnissen zu vereinigen.

3. Berichtsverfahren.

Gesamtverzeichnisse B.

§ 31. Die im Laufe eines jeden Monats aufgestellten Verzeichnisse B werden von den Amtsgerichten gesammelt und nach Ausfüllung der Monats- und Jahresbezeichnung[97]) auf der ersten Seite jedes Verzeichnisses bis zum Schlusse des Monats ohne Anschreiben dem Ersten Staatsanwalt eingereicht. Bei diesem werden sie zusammen mit den von ihm selbst aufgestellten Verzeichnissen zu einem Gesamtverzeichnisse vereinigt; die übrigen Bestimmungen des § 18 Abs. 1 finden auch hierauf Anwendung.

Das Gesamtverzeichnis ist bis zum 5. Tage des nächsten Monats dem Oberstaatsanwalt einzureichen; der Zurückbehaltung einer Abschrift des Umschlages bedarf es hierbei nicht. Der Oberstaatsanwalt sendet das Gesamtverzeichnis in der ersten Hälfte des Monats an den Justizminister weiter (§ 4 Abs. 2).

Die Benachrichtigung der Beteiligten von den Allerhöchsten Entscheidungen erfolgt nach den für die Behandlung von Gnadengesuchen geltenden Vorschriften.[98]) Die durch einen Gnaden-

---

[96]) In Hannover, Hessen-Nassau, Frankfurt a. M., Schleswig-Holstein bei Geldstrafen bis zu 30 Mk.

[97]) Die Nummer ist beim Amtsgericht nicht auszufüllen, sondern wird beim E. St.-A. eingetragen entsprechend der Nummer, welche der Bogen im Gesamtverzeichnisse erhält.

[98]) Gehen die Allerh. Entscheidungen ein, so werden davon Nachrichten zu den einzelnen Akten gefertigt. In landgerichtlichen Sachen verfügt der Dezernent dann in den Akten etwa:

1. Nachricht von dem Gnadenerweise
   a) dem Verurteilten und event. dem gesetzl. Vertreter,
   b) der Polizeibehörde des Aufenthaltsortes,
   c) der Militärbehörde (vgl. Anm. 72),

erweis oder durch Strafvollstreckung oder sonst erledigten Verzeichnisse sind zu den einzelnen Akten zu bringen.

4. Strafvollstreckung.

§ 32. Erachtet die Strafvollstreckungsbehörde die Erwirkung eines Gnadenerweises oder weitere Strafaussetzung nicht für angezeigt,[99]) so führt sie die Strafvollstreckung herbei. Die Gründe sind in den Akten ersichtlich zu machen. In zweifelhaften Fällen ist die Entscheidung des Justizministers dadurch einzuholen, daß der Fall in das Verzeichnis B aufgenommen und unter kurzer Darlegung der Gründe als zweifelhaft bezeichnet wird.[100])

Vor Einleitung der Strafvollstreckung gegen einen Verurteilten, der sich in Fürsorgeerziehung oder aus anderer Veranlassung[101]) in einer Erziehungs- oder Besserungsanstalt befindet, ist die Entscheidung des Justizministers einzuholen,[102]) wenn der Vorstand des zur Fürsorgeerziehung verpflichteten Kommunalverbandes oder der Erziehungs- oder Besserungsanstalt der Strafvollstreckung widerspricht.

Wird für einen im aktiven Dienste des Heeres oder der Marine befindlichen Verurteilten weder Begnadigung noch Verlängerung der Strafaussetzung bis zur Beendigung der aktiven Dienstzeit befürwortet, so ist vor Einleitung der Strafvollstreckung die Entscheidung des Justizministers einzuholen.

---

d) dem Vorstand des zuständ. Kommunalverbandes bzw. der Anstaltsleitung (bei Fürsorge- und Anstaltszöglingen).

2. Nachricht dem Strafregister nach Formular F. (sog. Grünzettel) (Verf. vom 5. Februar 1907, JMBl. S. 24).

3. Weglegen.

Handelt es sich um eine amtsger. Sache, so werden die Akten eingefordert, der E. St.-A. gibt dem Verurteilten und dem gesetzl. Vertreter Nachricht und übersendet die Akten sodann dem Amtsanwalt zur Benachrichtigung der Militär- und Polizeibehörden. Das Amtsgericht gibt dann dem Strafregister Nachricht.

[99]) Bei Ablauf der Bewährungsfrist.

[100]) Die Form wird etwa lauten:

Die Entscheidung über die Beantragung eines Gnadenerweises wird gehorsamst anheimgestellt, weil der Fall zweifelhaft erscheint.

[101]) Vgl. Anm. 80.

[102]) Durch Sonderbericht unter Beifügung des Verz. A und aller Akten.

III. Abschnitt.

1. Begnadigungsgesuche.

§ 33. Hinsichtlich der Behandlung der Gnadengesuche verbleibt es bei den bestehenden Bestimmungen mit folgenden Maßgaben.

Sämtliche Gnadengesuche sind, soweit ihre Prüfung nach diesen Vorschriften den Justizbehörden obliegt, auch in der Richtung zu prüfen, ob sie sich zur Bewilligung der Strafaussetzung eignen. Werden sie hierzu für geeignet befunden und erfolgt demgemäß die Eintragung des Falles in das Verzeichnis A oder findet sich, daß der Fall in das Verzeichnis A bereits eingetragen ist, so ist folgendes zu beachten:

a) bei dem Ersten Staatsanwalt eingereichte Gnadengesuche sind in der Regel dem Gesuchsteller unter Hinweis auf die erfolgte Aufnahme des Falles in das Verzeichnis A mit dem Eröffnen zurückzugeben, daß von Weitergabe des Gesuches abgesehen worden sei, dem Bittsteller jedoch die unmittelbare Einreichung bei des Kaisers und Königs Majestät unbenommen bleibe.[103]) Lassen besondere Umstände es angezeigt erscheinen, derartige Gesuche sogleich zur Kenntnis des Geheimen Zivilkabinetts Seiner Majestät zu bringen, so hat die Einreichung mittels Umschlags zu erfolgen, auf diesen ist jedoch ein die erfolgte Eintragung in das Verzeichnis kundgebender Vermerk zu setzen, wie „Eingetragen in das Verzeichnis A für Juli 1917 unter Nr. 5".

b) Gnadengesuche, die bei des Kaisers und Königs Majestät unmittelbar eingereicht waren und durch Vermittelung des Justizministers an die Ersten Staatsanwälte gelangen, sind, sofern sich nicht etwa Veranlassung zu einem sofortigen Gnadenantrag ergibt, nachdem Strafaussetzung bewilligt ist, dahin zu bescheiden, daß dem Verurteilten eine Strafaussetzung in Gemäßheit dieser Verfügung bewilligt worden sei, und daß keine Veranlassung vorliege, zurzeit einen weitergehenden Gnadenerweis zu befürworten.

---

[103]) Falls er glaubt, damit einen sofortigen Gnadenerweis erreichen zu können.

c) Ist ein Gnadengesuch dem Ersten Staatsanwalt zum Bericht oder zur Prüfung und weiteren Veranlassung übersandt, und erachtet er zwar nicht einen sofortigen Gnadenerweis, wohl aber bedingte Strafaussetzung für angezeigt, so hat er den Verurteilten in ein Verzeichnis A einzustellen oder, wenn eine andere Strafvollstreckungsbehörde hierfür zuständig ist, diese hierum zu ersuchen. Lehnt letztere die von dem Ersten Staatsanwalt für angezeigt erachtete Einstellung ab, so kann an ihrer Stelle der Erste Staatsanwalt selbst den Verurteilten in ein Verzeichnis A einstellen. Das Verzeichnis ist alsbald besonders durch den Oberstaatsanwalt dem Justizminister einzureichen. Der Erste Staatsanwalt hat in diesen Fällen auch dann, wenn er für die Gewährung der Strafaussetzung an sich zuständig sein würde, nur einen dahingehenden Antrag in Sp. 4 zu stellen.[104])

Ist der Verurteilte bereits in ein dem Oberstaatsanwalt eingereichtes Verzeichnis A aufgenommen, so hat der Erste Staatsanwalt das Gnadengesuch diesem Verzeichnisse nachzureichen;[105]) der Oberstaatsanwalt übersendet alsdann das Verzeichnis A mit dem Gnadengesuche dem Justizminister.

Ist bei Eingang des Gnadengesuchs Strafaussetzung bereits gewährt, so ist das Gnadengesuch mit einer Anzeige hiervon unmittelbar dem Justizminister einzureichen; ist jedoch die Gewährung der Strafaussetzung durch den Ersten Staatsanwalt oder den Oberstaatsanwalt erfolgt und dem Verurteilten noch nicht bekanntgemacht (§ 21), so ist die Bestimmung in Abs. 1 entsprechend anzuwenden.

---

[104]) Die durch die beiden letzten Sätze getroffene Sonderregelung bezieht sich nur auf den im vorhergehenden Satze behandelten Fall der Aufstellung des Verzeichnisses durch einen hierfür an sich unzuständigen E. St.-A., sowie auf die Fälle, in denen Bericht erfordert ist. Sie greift daher nicht Platz, wenn das Gnadengesuch dem E. St.-A. zur Pr. und w. V. übersandt und der E. St.-A. sowohl zur Aufstellung des Verz. A wie zur Gewährung der Strafaussetzung zuständig ist. (Verf. vom 24. April 1917 — I 4490 —.)

[105]) Die Nummer des Verzeichnisses, die aus der zurückbehaltenen Abschrift des Umschlages des Gesamtverzeichnisses festgestellt werden kann, ist anzugeben.

d) Den Verzeichnissen A und B sind bei der Einreichung alle zu den aufgenommenen Fällen gehörigen Gnadengesuche, die sich bei der einreichenden Behörde befinden, unter besonderem Umschlage beizufügen. Die Zugehörigkeit eines solchen Gesuchs ist in dem Verzeichnis auf der ersten Seite durch einen Vermerk ersichtlich zu machen.

2. Vorläufige Entlassung.

§ 34. Anträge auf vorläufige Entlassung eines Verurteilten (§§ 23 ff. StGB.) sind auch nach der Richtung zu prüfen, ob etwa die Gewährung bedingter Strafaussetzung bezüglich des Strafrestes vorzuziehen ist. Letztere wird namentlich dann zweckmäßig sein, wenn die Genehmigung der vorläufigen Entlassung deshalb bedenklich erscheint, weil im Hinblick auf die Beschaffenheit der Straftat oder die Persönlichkeit des Verurteilten die bis zum Ablaufe der Strafzeit noch verbleibende Frist (§ 26 StGB.) eine zu kurze Probezeit darstellen würde. In Fällen solcher Art ist die bedingte Strafaussetzung weniger nach den in den §§ 1, 2 aufgestellten allgemeinen Grundsätzen, als danach zu beurteilen, ob sie für die nicht angängig erscheinende vorläufige Entlassung des Verurteilten einen geeigneten Ersatz zu bieten vermag.

Gegebenenfalls ist der Bericht nicht nach dem für Anträge auf vorläufige Entlassung vorgesehenen Vordrucke, sondern durch Einreichung eines Verzeichnisses A außerhalb der Gesamtverzeichnisse zu erstatten. Es sind jedoch sämtliche Vorgänge, die mit Bezug auf die zunächst in Aussicht genommene vorläufige Entlassung bereits entstanden sind, sowie die Straf- und Gefängnisakten beizufügen; auch ist in Sp. 4 zu vermerken, daß der Antrag gemäß § 34 dieser Verfügung gestellt wird.

IV. Abschnitt. Besonderes Verfahren in Forststrafsachen sowie in Steuer-, Zoll- und Gewerbestrafsachen.

1. Forststrafsachen.

§ 35. Auf die Verurteilten, hinsichtlich deren das Begnadigungsrecht durch den Allerhöchsten Erlaß vom 15. Dez.

1880 (JMBl. 1881 S. 31)[106]) dem Minister für Landwirtschaft, Domänen und Forsten und von diesem auf Grund des Allerhöchsten Erlasses vom 25. Jan. 1911 den Regierungen und den Regierungspräsidenten übertragen worden ist, finden die Abschnitte I und II mit der Maßgabe entsprechende Anwendung, daß an Stelle des Justizministers, des Oberstaatsanwalts und des Ersten Staatsanwalts überall die Regierungen oder die Regierungspräsidenten treten. Die von den Amtsgerichten abzusendenden Verzeichnisse, Anzeigen oder Mitteilungen sind ohne Vermittelung des Ersten Staatsanwalts der zuständigen Regierung einzureichen; eine Trennung der in die Verzeichnisse aufzunehmenden Fälle, je nachdem sie zur Zuständigkeit der Regierungen oder Regierungspräsidenten gehören, findet nicht statt.

§ 36. Außerdem ist folgendes zu beachten:

a) Die Verurteilten sind in das Verzeichnis A nur einzustellen, wenn nicht nur die Uneinbringlichkeit der Geldstrafe, sondern auch feststeht, daß die an zweiter Stelle erkannte Freiheitsstrafe auch nicht durch Anhaltung zu Forst- und Gemeindearbeiten vollstreckt werden kann (§§ 14, 34 des Forstdiebstahlgesetzes vom 15. April 1878).

b) Das Verzeichnis A und B ist bezüglich der hier in Rede stehenden Personen gesondert zu führen; es ist der gewöhnliche Vordruck handschriftlich wie folgt zu ändern:

In der Überschrift von Sp. 6 sind die Worte „Antrag auf Begnadigung und seine Begründung" zu ersetzen durch „Stellungnahme zur Frage der Begnadigung". In der Überschrift von Sp. 5 sind die Worte „Justizministers — Oberstaatsanwalts — Ersten Staatsanwalts" zu streichen, ebenso die Überschrift von Sp. 7.

c) Die Entscheidung zweifelhafter Fälle wird im Begnadigungsverfahren dadurch eingeholt, daß das Amtsgericht den Fall einstweilen in das Verzeichnis B aufnimmt.

§ 37. Die Vorschriften des § 33 bleiben außer Anwendung, da die Prüfung der hier fraglichen Gnadengesuche nicht den Justizbehörden obliegt.

Wird ein Amtsgericht um eine Äußerung über ein solches Gnadengesuch von der Regierung oder dem Regierungspräsidenten ersucht, so hat es sich auch darüber zu äußern, ob die in § 36 zu a bezeichneten Voraussetzungen vorliegen, und ob die Sache sich zur Aussetzung der Strafvollstreckung eignet; in das Verzeichnis ist ein derartiger Fall nicht aufzunehmen. Wenn dem Amtsgerichte mitgeteilt wird, daß die Regierung oder der Regierungspräsident auf ein besonderes Gnadengesuch Strafaussetzung bewilligt hat, ist der Fall nach Ablauf der Bewährungsfrist stets in das Verzeichnis B aufzunehmen, auch wenn das Amtsgericht ihn nicht als zur Begnadigung geeignet erachtet.

2. Steuer-, Zoll- und Gewerbestrafsachen.

§ 38. Die Abschnitte I und II sowie die Bestimmungen der §§ 35—37 finden auch auf solche Verurteilte entsprechende Anwendung, hinsichtlich deren das Begnadigungsrecht durch die Allerhöchsten Erlasse vom 26. Sept. 1897 (GesS. S. 402)[107]) und vom 15. August 1913 (JMBl. S. 408)[108]) dem Finanzminister oder dem Minister des Innern übertragen ist. Die Einreichung der Verzeichnisse erfolgt unmittelbar bei der zuständigen Verwaltungsbehörde. — Allg. Verf. v. 20. Okt. 1913 (JMBl. S. 408) Abschnitt I Ziff. I a—c.[109])

---

[106]) Der Landwirtschaftsminister kann in allen Forstkontroventionsfällen einschließlich der Forstdiebstähle Geldstrafen bis zu 30 Mk. ganz oder teilweise erlassen.

[107]) Bei Zuwiderhandlungen gegen die Zollgesetze und die sonstigen Vorschriften über indirekte Reichs- und Landesabgaben ist der Finanzminister ermächtigt, die nach den steuergesetzl. Bestimmungen verwirkten Freiheits-, Geld- und sonstigen Strafen einschl. der Vertretungsverbindlichkeiten, Einziehungen und Werterſatzsummen sowie die Verfahrenskosten niederzuschlagen, zu ermäßigen oder mildern und zwar auch dann, wenn die Strafen und Kosten durch gerichtl. Erkenntnis auferlegt sind.

[108]) Der Finanzminister ist ermächtigt, die nach den Gesetzen über die direkten Steuern durch gerichtl. Urteil auferlegten Geld- und Ersatzhaftstrafen einschließlich der Vertretungsverbindlichkeiten, der Minister des Innern ist ermächtigt, die wegen Zuwiderhandlungen gegen §§ 33, 147 Abs. 1 Nr. 1 der Gewerbeordnung gerichtlich erkannten Geld- und Ersatzhaftstrafen sowie die Kosten des Verfahrens niederzuschlagen oder zu ermäßigen.

[109]) Zuständig sind

a) bei Zuwiderhandlungen gegen die Zollgesetze und die sonstigen Vorschriften über indirekte Reichs- und Landesabgaben die Oberzolldirektionen,

b) bei Zuwiderhandlungen gegen die Gesetze über die direkten Steuern die Regierungen (Abt. f. Steuern usw.), in Berlin die Direktion für die Verwaltung der direkten Steuern,

V. Abschnitt. Schluß- und Übergangsbestimmungen.

§ 39. Nach Schluß eines jeden Vierteljahrs ist die Zahl der Personen, denen der Erste Staatsanwalt und der Oberstaatsanwalt im Laufe des letzten Vierteljahrs Strafaussetzung gewährt haben, und die Zahl der Personen, bezüglich deren der Erste Staatsanwalt in derselben Zeit die Strafaussetzung widerrufen haben, im Bureauwege der Geheimen Kalkulatur des Justizministeriums mitzuteilen; dabei sind getrennt anzugeben die Zahlen für die Personen, die zur Zeit der Tat das 18. Lebensjahr noch nicht vollendet hatten, und für die älteren Personen. Die Staatsanwaltschaften reichen die Zahlen durch Vermittelung der Oberstaatsanwaltschaft ein.*)

§ 40. Die Allgemeinen Verfügungen vom 1. Nov. 1910 (JMBl. S. 387),[110] 11. Nov. 1912 (JMBl. S. 359),[111] 15. Sept. 1914 (JMBl. S. 712)[112] und 17. Juli 1915 (JMBl. S. 135)[113] sowie die Rundverfügungen an die Oberstaatsanwälte vom 15. Nov. 1912 (I 5675) und 9. Mai 1916 (I 7860) werden aufgehoben.

§ 41. Diese Verfügung tritt am 1. April 1917 in Kraft.

Berlin, den 14. März 1917.

Der Justizminister: (gez.) Dr. Beseler.

---

c) bei Zuwiderhandlung gegen § 33 der GewO. die Regierungspräsidenten, für Berlin der Polizeipräsident und zwar auch dann, wenn mit einer solchen Zuwiderhandlung eine gegen Gesetze über die direkten Steuern zusammentrifft.

110) Allg. Verf. betr. die Strafvollstreckung gegen Fürsorge- und andere Anstaltszöglinge.

111) D. i. die bisher über die bedingte Strafaussetzung geltende Allg. Verf.

112) Allg. Verf. betr. die bedingte Strafaussetzung in Steuer-, Zoll- und Gewerbestrafsachen.

113) Allg. Verf. betr. den Widerruf von Strafaussetzungen durch die O.-St.-A. während der Kriegszeit.

*) Dafür ist durch die Allg. Vfg. vom 9. Mai 1917 (JMBl. S. 166) der Vordruck D (a. a. O. S. 172) eingeführt.

Anlage I.

Bezirk des Landgericht zu *Breslau.*

Staatsanwaltschaft.

Verzeichnis A

Nr. *1,* Monat *August* 19*17.*

Nr. *2,* Monat *Februar* 19*19.*

Verzeichnis B

Nr. *10,* Monat *August* 19*20.*

Anlagen:

1. Einzelverzeichnis A des Amtsgerichts Breslau für November 1916 betr. die Sache 39 D 220/11.

2. Ein Gnadengesuch der Mutter des Verurteilten.

A.

Des Verurteilten a) Name, Stand und Wohnort; b) Lebensalter zur Zeit der Straftat (Jahre und Monate); c) Angabe über eine wegen Verbrechens oder Vergehens etwa früher bereits verbüßte Freiheitsstrafe (§ 17 Ziff. 1)	a) Bezeichnung des erkennenden Gerichts und des Aktenzeichens: b) Tag des Erkenntnisses (Strafbefehls), Tag der Rechtskraft, rechtskräftig erkannte Strafe: c) Straftat unter Bezeichnung des Strafgesetzes (§ 17 Ziff. 2 der Verf. vom 14. III. 1917).	a) Äußerung des erkennenden Gerichts (§ 7); b) Äußerung der Strafvollstreckungsbehörde (§ 17 Ziff. 3)
1	2	3
a) Karl Scholz, Bäckerlehrling, jetzt Fürsorgezögling in der Erziehungsanstalt zu W. *b) 15 Jahre 1 Monat und 15 Jahre 6 Monate.* *c) Keine Freiheitsstrafe verbüßt,*	*I.* *a) Schöffengericht in Breslau, 39 D 40/17;* *b) 20. April 1917, 28. April 1917, 2 Monate Gefängnis.* *c) Unterschlagung. §§ 246, 57 StGB.* *Der Verurteilte zog von Kunden seines Lehrherrn Geld für entnommene Brotwaren ein und behielt etwa 100 M für sich. Er kaufte sich davon Kleidungsstücke und besuchte Lichtspielhäuser.* *II.* *a) Strafkammer in Breslau, 6 J/L 200/17;* *b) 15. Mai 1917, 23. Mai 1917, 5 Monate Gefängnis und 15 M Geldstrafe hilfsweise 5 Tage Haft.* *c) Schwerer Diebstahl und Angabe eines falschen Namens. §§ 242, 243^{2}, 360^{8}, 57, 77 StGB.* *Der Verurteilte glaubte auf Grund der zu I erwähnten Bestrafung in Fürsorgeerziehung zu kommen. Er erbrach die Ladenkasse im Geschäfte seines Lehrherrn mit einem Stemmeisen, entwendete daraus 200 M und flüchtete mit dem Gelde nach Berlin. Bei seiner Festnahme nannte er sich dem Polizeibeamten gegenüber Hans Mücke.*	*I.* *a) Der Verurteilte ist bereits 1 mal wegen Betruges mit 3 Tagen Gefängnis bestraft. Die Strafvollstreckung ist ausgesetzt. Er hat sich in der Schule gut geführt, später ist er in leichtfertige Gesellschaft geraten. Der Vater ist im Felde gefallen, die Mutter ist kränklich und zu nachsichtig. Der Lehrherr ist seit einiger Zeit wegen Krankheit ans Bett gefesselt, so daß der Verurteilte ohne hinreichende Aufsicht war. Es soll der Mutter ein energischer Beistand bestellt werden, dem es hoffentlich gelingen wird, den Verurteilten auf den rechten Weg zurückzubringen. Daher wird Strafaussetzung befürwortet.* *B., den 22. April 1917.* *Königliches Schöffengericht.* *Judex, Vorsitzender.* *b) Vorstehender Äußerung wird beigetreten.* *B., den . . . . .* *Königliches Amtsgericht.* *Judex, Amtsrichter.* *II.* *a) Der Verurteilte ist stark verwahrlost und anscheinend verbrecherisch veranlagt. Er ist vorläufig zur Fürsorgeerziehung untergebracht. Von dieser ist noch Besserung des Verurteilten zu erhoffen. Daher wird für den Fall endgültiger Anordnung der Fürsorgeerziehung Strafaussetzung befürwortet.* *B., den 23. Mai 1917.* *Der Vorsitzende d. Strafkammer* *Unterschrift.* *(Fortsetzung S. 48 des Musters.)*

		B.	
Es wird vorgeschlagen, die Vollstreckung der Freiheitsstrafe auszusetzen bis zum	Entscheidung des — Justizministers — — Oberstaatsanwalts — — Ersten Staatsanwalts —	Antrag auf Begnadigung und seine Begründung unter besonderer Berücksichtigung der Führung seit der Verurteilung	Antrag des Justizministers
4	5	6	7
31. August 1920 hinsichtlich der Gefängnisstrafen unter Verlängerung der Bewährungsfrist hinsichtlich der dreitägigen Gefängnisstrafe aus der Sache 39 D 220/16 des Amtsgerichts Breslau bis zu demselben Zeitpunkte; *28. Februar 1919 hinsichtlich der Haftstrafe. Der die Sache 39 D 220/16 betreffende Bogen des Verzeichnisses A für November 1916 ist beigefügt.* *Ende der Verjährungsfrist* *a) in 39 D 220/16 am 14. Oktober 1921,* *b) hinsichtlich der Haftstrafe am 10. Juni 1919.* *Die Aufnahme in das Verzeichnis hinsichtlich der Sache 39 D 40/17 erfolgt verspätet, weil der Ausgang des neuen Straf- und des Fürsorgeerziehungsverfahrens abgewartet worden ist* ——— *Nachtrag:* *31. August 1920 auch hinsichtlich der Haftstrafe. Die Verjährung endet nunmehr am 1. März 1921.*	*Genehmigt. Gleichzeitig wird die dem Verurteilten in den Akten 39 D 220/16 des Amtsgerichts Breslau gewährte Frist bis zum 31. August 1920 verlängert.* *Der Justizminister* *I. A.:* *Unterschrift.* ——— *Verlängerung der Frist hinsichtlich der Haftstrafe genehmigt.* *Der Justizminister* *I. A.:* *Unterschrift.*	*Es wird Erlaß sämtlicher Strafen beantragt. Der Verurteilte hat sich im letzten Jahre in jeder Hinsicht einwandfrei geführt. Er ist nach Mitteilung des Landeshauptmanns am 1. Juli widerruflich aus der Fürsorgeerziehung entlassen worden. Er ist Geselle bei einem Bäcker in B. und führt sich nach Auskunft der Ortspolizeibehörde tadelfrei. Er hat begonnen, das seinem früheren Lehrherrn unterschlagene und gestohlene Geld in Raten abzuzahlen. Der Verurteilte ist ein ordentlicher Mensch geworden und läßt dauerndes Wohlverhalten erhoffen. Ich halte ihn daher in Übereinstimmung mit dem Amtsgericht des Straferlasses für würdig.* *B., den 20. August 1920.* *Der Erste Staatsanwalt.* *Unterschrift.*	

(Fortsetzung von Spalte 3:)

Die Fürsorgeerziehung ist rechtskräftig angeordnet und der Verurteilte ist in der Erziehungsanstalt in W. untergebracht worden. Um das Erziehungswerk nicht zu stören, wird Strafaussetzung befürwortet.

Die Zwangsvollstreckung wegen der Geldstrafe ist fruchtlos ausgefallen. Als Fürsorgezögling ohne Einkommen ist der Verurteilte zur Abtragung der Geldstrafe auch in Teilzahlungen nicht imstande.

B., den 18. August 1917.

Der Erste Staatsanwalt.
Unterschrift.

Nachtrag:

Der Verurteilte hat sich in der Fürsorgeerziehung nach Auskunft des Landeshauptmanns im allgemeinen gut geführt. Vor einiger Zeit hat er allerdings einen Fluchtversuch gemacht und hat sich gegen einen Vorgesetzten dreist benommen. Er erscheint daher des Erlasses der Haftstrafe noch nicht würdig, vielmehr wird die Verlängerung der Strafaussetzung hinsichtlich derselben bis zum Endpunkte der für die Gefängnisstrafen bewilligten Bewährungsfrist für angebracht erachtet.

B., den 3. März 1919.

Der Erste Staatsanwalt.
Unterschrift.

Anlage II.

Bezirk des Landgerichts zu ....

Verzeichnis A — B

Monat .... 19....

Laufende Nr.	Bezeichnung der Strafvollstreckungsbehörde	Namen der Verurteilten *)	Entscheidung unter Angabe des Endes der Bewährungsfrist
1	2	3	4

*) Bei den einzureichenden Umschlägen sind die Namen der Verurteilten mit so weiten Abständen einzutragen, daß in der Spalte 3 — richtig muß es 4 heißen — ausreichender Platz für die dort zu machenden Vermerke frei bleibt.

St. A. I. Vordruck Nr. 23. Umschlag zu Verzeichnissen A und B.

Sachregister.

Die Zahlen bezeichnen die Seiten, soweit nichts anderes angegeben ist.

T.

U.

V.

W.

Z.

Verlag von H. W. Müller in Berlin SW. 68.

Strafrecht und Strafprozeß.

Eine Sammlung der wichtigsten, das

Strafrecht und das Strafverfahren betreffenden Gesetze.

Zum Handgebrauche für den Preuß. Praktiker

erläutert von

Dr. A. Dalcke,
weiland Ober-Staatsanwalt, Geh. Ober-Justizrat.

Dreizehnte, vermehrte und verbesserte Auflage

von

P. Dalcke, Amtsgerichtsrat.

Berichtigter Neudruck 1916. Preis geb. M. 10.—

„Diese Sammlung hat sich fortdauernd bewährt; sie gehört innerhalb Preußens zum täglichen Rüstzeug der strafrechtlichen Praxis."
Reichsgerichtsrat a. D. Galli in der „Deutschen Juristenzeitg."

„Die neue Auflage dieses mit Recht in der Praxis fast unentbehrlich gewordenen Buches zeichnet sich durch reiche Berücksichtigung der seit der letzten Auflage ergangenen höchstgerichtlichen Rechtsprechung aus; auch in ihr inden sich die Vorzüge der früheren Auflagen wieder."
Oberstaatsanwalt Pertersen im „Recht".

FSC
www.fsc.org
MIX
Papier | Fördert gute Waldnutzung
FSC® C083411

Kolibri 360 GmbH
Ferdinand-Jühlke-Straße 7
99095 Erfurt, Deutschland
produktsicherheit@kolibri360.de